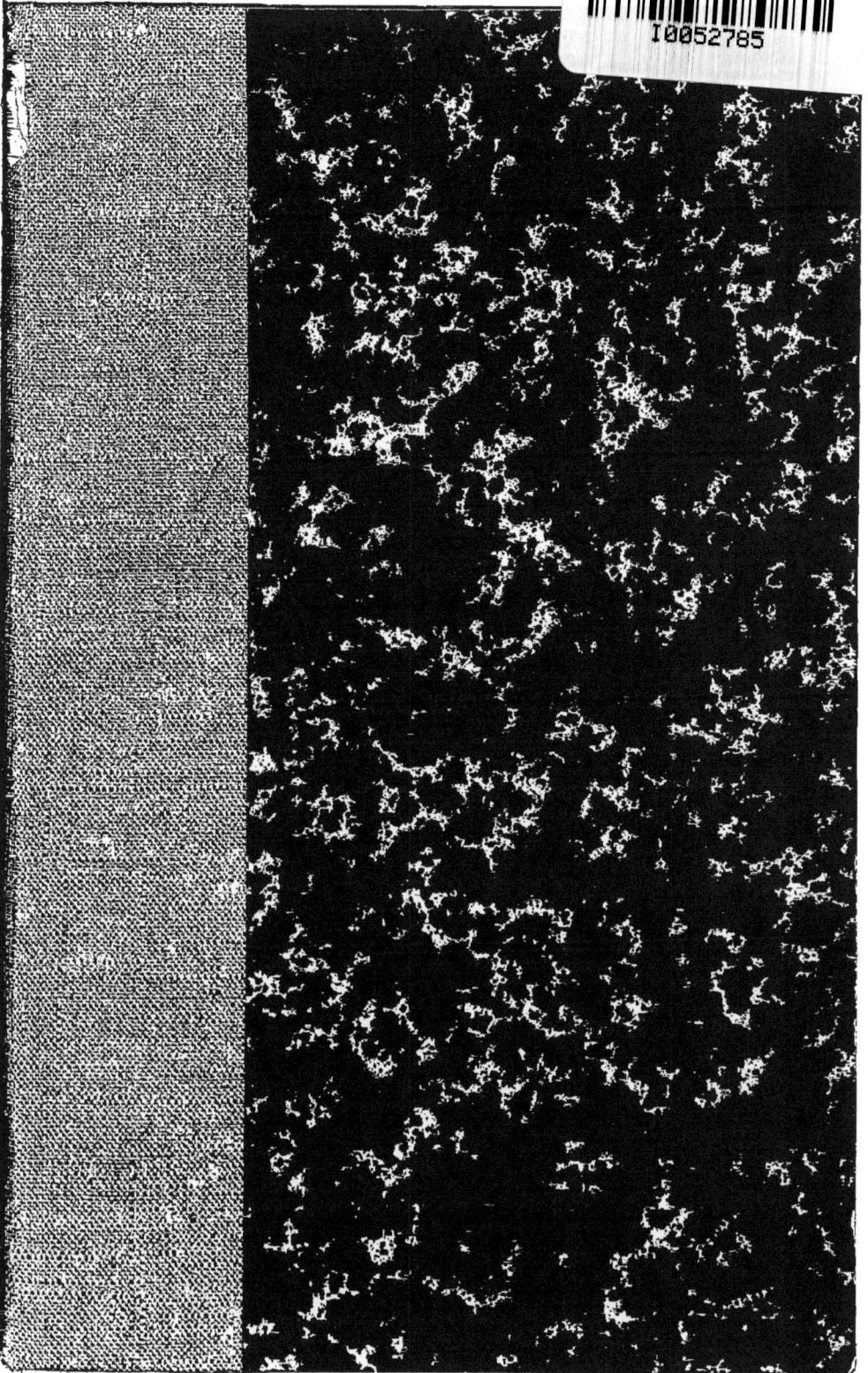

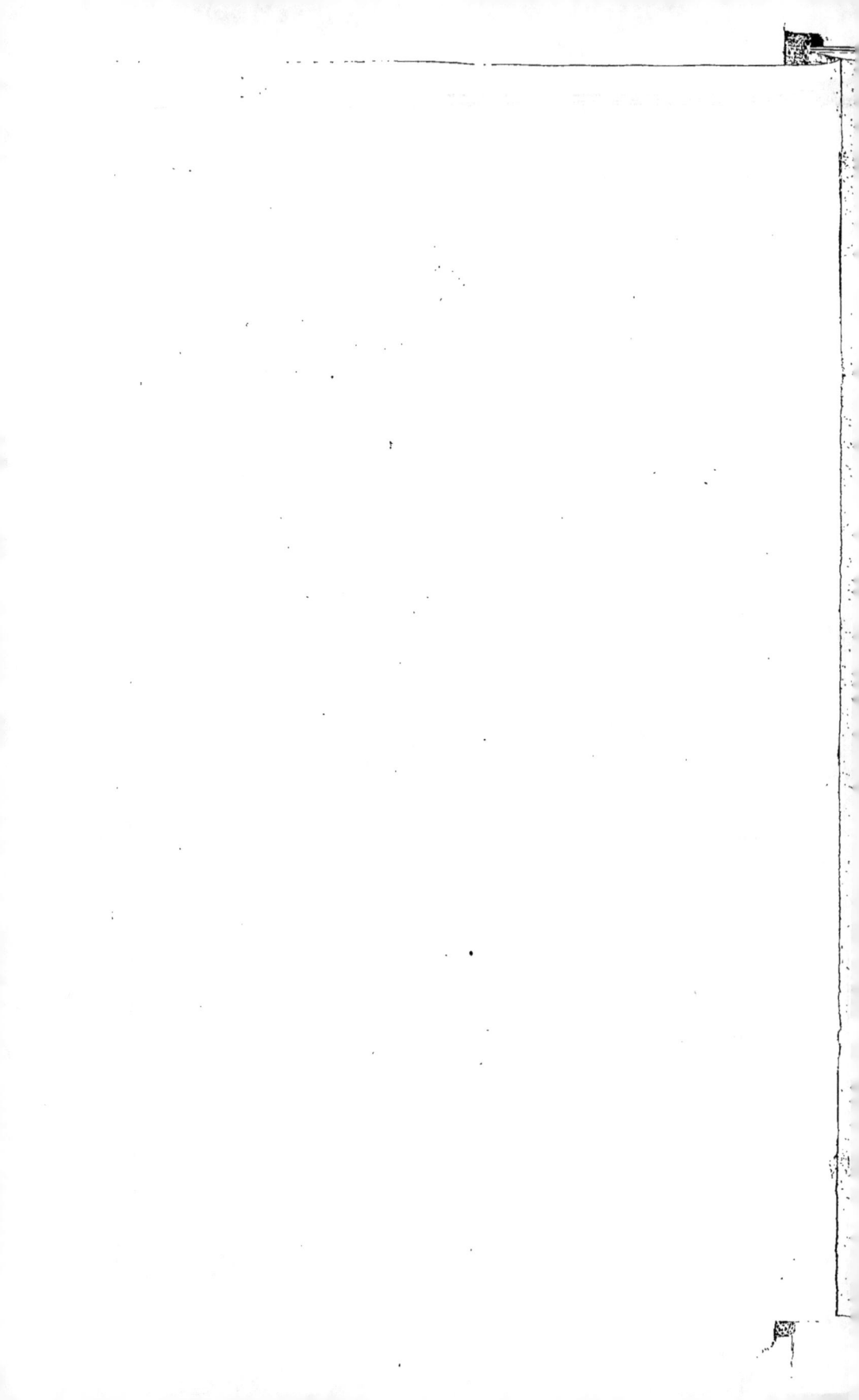

FACULTÉ DE DROIT DE PARIS

DE LA TRADITION

CONSIDÉRÉE COMME MODE TRANSLATIF DE PROPRIÉTÉ

EN DROIT ROMAIN *1829*
ET DANS L'ANCIEN DROIT FRANÇAIS.

~~~~~~~~~~

DE LA TRANSMISSION DE LA PROPRIÉTÉ

PAR L'EFFET DES CONVENTIONS

EN DROIT FRANÇAIS ACTUEL.

PAR

Armand Edmond BOUVIER-BANGILLON

PARIS
F. PICHON, IMPRIMEUR-LIBRAIRE,
14, RUE CUJAS ET 7, RUE VICTOR-COUSIN
—
1877

THÈSE

POUR LE DOCTORAT

DE LA TRADITION

CONSIDÉRÉE COMME MODE TRANSLATIF DE PROPRIÉTÉ

EN DROIT ROMAIN
ET DANS L'ANCIEN DROIT FRANÇAIS.

DE LA TRANSMISSION DE LA PROPRIÉTÉ

PAR L'EFFET DES CONVENTIONS

EN DROIT FRANÇAIS ACTUEL.

THÈSE POUR LE DOCTORAT

PAR

Armand Edmond BOUVIER-BANGILLON

Né à Paris.

L'acte public sur les matières ci-après sera soutenu le
Jeudi 11 janvier 1877, à 1 heure 1/2.

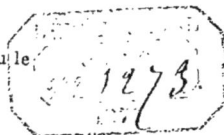

PRÉSIDENT : M. BUFNOIR,

SUFFRAGANTS : MM. VUATRIN,
COLMET DE SANTERRE, PROFESSEURS.
GÉRARDIN,
GARSONNET,
BOISTEL. AGRÉGÉS.

PARIS
F. PICHON, IMPRIMEUR-LIBRAIRE,
14, RUE CUJAS ET 7, RUE VICTOR-COUSIN
—
1877

A LA MÉMOIRE DE MON GRAND-PÈRE

A MA GRAND'MÈRE

A MON PÈRE — A MA MÈRE

A MES PROFESSEURS

A MES PARENTS

A MES AMIS

DROIT ROMAIN

DE LA TRADITION

CONSIDÉRÉE COMME MODE TRANSLATIF DE LA PROPRIÉTÉ

GÉNÉRALITÉS.

La tradition, disent les commentateurs, consiste dans la remise de la possession légale.

Avant de préciser davantage, je remarque :

1º Que la tradition est un mode d'acquisition dérivé ;

2º Que c'est un mode d'acquisition du droit des gens. (Inst., liv. II, t. 1, § 40.)

De cette deuxième constatation, je tire les conséquences suivantes :

A. La tradition n'implique pas nécessairement, comme la *mancipatio* ou l'*in jure cessio*, la présence des personnes intéressées. (Inst., liv. II, t. 1, §§ 42 et 43. Gaius, comm. II, § 24.)

B. La tradition est accessible aux pérégrins comme aux citoyens romains.

C. Dans le droit classique, la tradition ne pouvait transférer le *dominium* d'une *res mancipi* ; la tradition d'une *res mancipi* rendait seulement l'*accipiens* propriétaire prétorien ou bonitaire.

D. Enfin, à la différence des *actus legitimi*, la tradition n'excluait en aucune façon l'apposition d'un *dies a quo* ou d'une condition suspensive (l. 38, § 1, D. liv. XLI, t. 2. L. 8, D. liv. XII, t. 1.)

Ceci exposé, voici quel sera le plan de mon étude :

Chapitre. I. De la tradition en elle-même.

  — II. Du *tradens.*

  — III. De l'*accipiens.*

  — IV. De la *res tradita.*

  — V. De la tradition de la chose vendue et de la tradition *incertæ personæ.*

CHAPITRE PREMIER.

DE LA TRADITION EN ELLE-MÊME.

La tradition, avons-nous dit, a pour but de faire passer la possession légale du *tradens* à l'*accipiens*. Cette transmission de la possession légale doit ici entraîner comme conséquence tranport de propriété.

Toute remise de la possession peut se décomposer comme suit :

Du côté du *tradens* remise effective du *corpus* ou élément matériel de la possession et abdication de l'*animus domini*.

Du côté de l'*accipiens* *apprehensio* du *corpus* et revêtement de l'*animus domini*.

Nombre de commentateurs anciens et modernes (Vinnius, *in inst.*, lib. II, t. I, § 40, com. n° 4. — Ortolan, *explic. hist. des Inst.*, t. II, p. 306), requièrent en outre un nouvel élément, la *justa causa*.

§ 1er.

De la justa causa traditionis.

Qu'est-ce donc que la *justa causa traditionis?* Sur ce point on compte deux systèmes :

Le premier système entend par *justa causa tradi-*

tionis un contrat ou un fait quelconque entraînant comme conséquence la volonté de transférer la propriété et, dans ce but, de faire tradition. Ce système s'appuie sur les *Institutes*, liv. II, t. 1, § 40, sur Gaius, com. II, § 20 :

« Itaque si tibi vestem... tradidero, sive ex ven-
« ditionis causa, sive ex donationis, sive quavis
« alia ex causa, tua fit ea res... »

Et enfin sur la loi 31, pr. D. liv. XLI, t. I.

« Nunquam nuda traditio transfert dominium,
« sed ita si venditio aut alia qua justa causa præ-
« cesserit, propter quam traditio sequeretur. »

Dans le deuxième système, (M. Accarias, *Précis de droit romain*, t. I, p. 508. — Maynz, *Cours de droit romain*), on définit la *justa causa* l'intention commune des deux parties de transférer et d'acquérir la propriété de la *res tradita*.

C'est cette opinion que je crois devoir adopter.

Première raison. — Un acheteur, ou plus généralement un créancier, se mettant en possession de la chose due sans la volonté du débiteur, n'en devient pas propriétaire. (L. 5 et l. 33, D. liv. XLI, t. 2.)

Deuxième raison. — Le *tradens*, je suppose, fait tradition pour un motif qui n'existe pas : il croit, par exemple, que son auteur, Primus, doit tel objet déterminé à Secundus ; Primus ne devait rien. La propriété, nous le verrons dans un instant, passera, malgré cette erreur, du *tradens* à l'*accipiens*. Peut-on dire que ce fait erroné, la dette de Primus est la

justa causa traditionis? Loin de là, les jurisconsultes romains eux-mêmes proclament que l'objet a
été livré *sine causa.*

Troisième raison. — Souvent la tradition a pour
fondement un fait antérieur emportant obligation
d'aliéner; par exemple, un contrat de stipulation,
un legs *per damnationem.* Mais nous pouvons imaginer une convention dépourvue de tout caractère
obligatoire, *verbi gratia* un *pacte do ut des*, suivie
d'une tradition. Cette tradition sera translative de
propriété. Pourrait-on, dans notre espèce, nommer
justa causa traditionis une convention qui tire de
la tradition elle-même toute sa force obligatoire.

J'ajoute à ces raisons un argument tiré des textes
invoqués dans le premier système et que j'ai transcrits plus haut. Je lis en effet:

Gaius, comm. II, § 20: «... Sive ex venditionis
« causa, sive ex donationis, sive quavis alia causa..,»
D. liv, XLI, t. 1, 1. 31 pr. «... sed ita si venditio
« aut alia qua justa causa præcesserit... »

C'est donc toujours la vente, c'est-à-dire le consentement obligatoire par lui-même que nos textes
présentent comme *justa causa traditionis.* Pourquoi
ne pas nous parler de la stipulation, ce contrat si
fréquent à Rome? Ne pourrait-on pas trouver dans
cette remarque la notion juste, l'idée exacte de la
justa causa? La stipulation est un contrat qui, outre
le consentement, exige la solennité des paroles.
Nos textes veulent que la tradition, pour être translative de propriété, soit toujours précédée d'une

justa causa, et toutes les fois qu'ils veulent donner un exemple de *justa causa*, ils citent un contrat consensuel, c'est-à-dire en définitive le consentement rendu obligatoire par lui-même ; n'est-ce pas dire en un mot que la tradition doit toujours être accompagnée du consentement, et que la *justa causa* consiste seulement dans l'intention réciproque des deux parties d'aliéner et d'acquérir la propriété.

Entendue ainsi, la *justa causa* n'est pas un élément tout-à-fait nouveau : c'est une modification de l'élément intellectuel, si je puis m'exprimer ainsi, de toute transmission de possession (j'excepte bien entendu le cas de possession dérivée) ; l'abdication de l'*animus domini* par le *tradens*, le revêtement de cet *animus* par l'*accipiens* avec ceci de plus que le *tradens* entend non pas abdiquer purement et simplement son droit de propriété, mais bien le transférer.

De cette notion de la *justa causa* se tirent les conséquences suivantes :

1° Primus se croit tenu en vertu d'un legs, d'une stipulation ou de toute autre cause, de livrer le fonds Cornélien à Secundus (je me place dans le dernier état du droit romain.) Il le livre. La cause d'obligation n'a jamais existé ou a été éteinte. Le legs, par exemple, a été révoqué par un testament postérieur. La propriété du fonds Cornélien sera néanmoins transférée. En effet, supposons un moment que la propriété ne soit pas transférée. Primus sera demeuré propriétaire, et pour avoir ce fonds qu'il a livré par erreur, agira contre Secundus par la voie de la revendication, action *in rem*. Or, il n'en est pas ainsi : Primus n'a contre Secundus qu'une action personnelle, la *condictio indebiti* (D., liv. XII, t. 6). Donc Secundus est devenu propriétaire du fonds Cornélien. Et cela se conçoit parfaitement : il y a eu réalisation du *corpus*, abdication de l'*animus domini* par le *tradens*, Primus; revêtement de cet *animus* par l'*accipiens* Secundus. La propriété a été transférée.

2° Primus a promis à Secundus des intérêts usuraires : la dette existe en fait, mais est nulle aux yeux de la loi; il paie. La tradition sera-t-elle translative de propriété? Evidemment. Ce qui se démontre c'est l'action personnelle accordée par la loi à Primus, la *condictio ob turpem vel injustam causam*. (D., liv. XII, t. 5.) Il y a, en effet, réalisation du *corpus* et accord des deux parties sur la transmission de propriété.

Telle est la règle générale. Il peut arriver toutefois que la loi déclare nulle, non-seulement la cause de la tradition, mais la tradition elle-même. C'est ce qui arrive dans le cas de donation entre époux. Un conjoint fait tradition *donationis causâ* à son conjoint. La donation est nulle : la tradition par exception ne sera pas translative de propriété. (L. 3, § 10. D., liv. XXIV, t. 1.)

3° L'une des parties entend livrer en vertu d'une certaine cause; l'autre partie croit recevoir en vertu d'une autre cause. La propriété sera transférée. Julien (L. 36. D. liv. XLI, t. 1), pose l'espèce suivante : Le *tradens* croit être obligé à livrer un fonds en vertu d'un legs : l'*accipiens* croit le recevoir en vertu d'une stipulation. « ... *non animadverto*, dit-il, *cur inefficax sit traditio....* » Il y a en effet dans l'espèce intention du *tradens* d'aliéner et de l'*accipiens* d'acquérir.

Cette doctrine toutefois, est contredit par Ulpien : l. 18, pr. D.. liv. XII, t. 1 : « Si ego pecuniam « tibi quasi donaturus dedero, tu quasi mutuam « accipias, Julianus scribit donationem non esse : « sed an mutua sit videndum. Et puto nec mutuam « esse magisque nummos accipientis non fieri, « quum alia opinione acceperit. Quare si eos con- « sumpserit, licet condictione teneatur, tamen doli « exceptione poterit uti, quia secundum volunta- « tem dantis nummi sunt consumpti. »

On a essayé de concilier ce passage avec la doctrine de Julien, et voici comment : Par les mots « *magisque nummos accipientis non fieri* », on peut entendre deux choses :

Première interprétation. La propriété des espèces reste au *tradens* : l'*accipiens* n'en devient aucunement propriétaire ;

Deuxième interprétation. La propriété des espèces passe à l'*accipiens*, mais d'une manière imparfaite ; le *tradens*, la fin du passage le prouve, a en effet action contre l'*accipiens*. De ces deux interprétations, la seconde est seule admissible, et tire du texte lui-

même une grande force. Que dit le texte? « Et puto
« nec mutuam esse magisque nummos accipientis
« non fieri, quum alia opinione acceperit. » Or, à
quoi les mots « quum alia opinione acceperit, peuvent-ils se rapporter? Ils ne sauraient signifier que
l'*accipiens* n'a pas entendu contracter un *mutuum*,
puisque telle était au contraire son intention. Ils
se réfèrent donc au membre de phrase « magisque
« nummos accipientis non fieri. » Mais si l'on
donne à ce membre de phrase le sens absolu de la
première interprétation on aboutit à une contradiction. L'*accipiens* avait en effet l'intention d'acquérir la propriété des espèces, seulement il avait
l'intention d'acquérir cette *pecunia* comme *mutua*,
non comme *donata*. C'est donc le sens de la deuxième
interprétation qu'il faut donner aux mots « magis-
« que nummos accipientis non fieri. »

Cette conciliation ne me semble pas acceptable.
Elle me paraît pécher par la base. Pour moi, ces
mots *quum alia opinione acceperit* me semblent
tout simplement se référer à la diversité de buts
que se proposaient le *tradens* et l'*accipiens* dans
l'espèce précitée.

Quoi qu'il en soit, d'ailleurs, je crois qu'il faut
préférer la doctrine de Julien, parfaitement d'accord avec les principes généraux de la matière à la
doctrine d'Ulpien qui ne cadre aucunement avec
eux.

4° Des circonstances postérieures peuvent entraîner la résolution de la convention qui a déterminé

la tradition : la propriété néanmoins n'échappera pas de plein droit à l'acquéreur : ce dernier sera seulement sous le coup d'une action personnelle, d'une *condictio sine causa*.

A contrario dans les cas ci-après la double volonté d'aliéner et d'acquérir venant à faire défaut soit chez le *tradens* soit chez l'*accipiens*, il n'y aura pas transport de propriété.

1° Le *tradens* livre une chose : c'est, croit-il, à titre de dépôt; l'*accipiens* croit le recevoir à titre de *mutuum*. L'*accipiens* a bien l'intention d'acquérir la propriété de la *pecunia tradita*; mais le *tradens* n'a pas l'intention d'aliéner. Partant point de transport de la propriété.

2° Je vous livre le fonds Cornélien : vous croyez recevoir de moi le fonds Sempronien. Notre double volonté d'aliéner et d'acquérir ne se rencontre pas sur une même chose. Il n'y aura pas d'aliénation.

§ 2.

De la réalisation du corpus.

Le *tradens* doit remettre la possession légale de la *res tradita* à l'*accipiens*. Nous avons étudié l'élément en quelque sorte intellectuel de toute prise de possession. Il s'agit de préciser maintenant la nature de l'élément physique de cette même prise de possession. En un mot, voyons quand l'*accipiens* peut être dit avoir appréhendé la *res tradita?*

Sur la nature de cette *apprehensio* on compte deux systèmes.

Dans le premier on entend l'*apprehensio* dans le sens d'attouchement immédiat et l'on en admet deux espèces : saisir de la main une chose mobilière et mettre le pied sur un immeuble. Mais les textes nous présentent nombre de cas où la possession s'acquiert sans attouchement immédiat; dans le premier système où traite ce genre d'*apprehensio* d'apprehensio *ficta*, de prise de possession symbolique.

Ce système ne me semble guère soutenable depuis les travaux de M. de Savigny sur la possession.

Voici les objections présentées par le savant auteur.

1° En droit romain il existe des actions symboliques, la mancipation, la manumission, la revendication, mais ces actes, remarquons-le bien, sont particulièrement propres au droit romain. Les actes au contraire usités chez les autres peuples, la vente, le louage, etc., sont dépouillés de formes positives. Or, une prise de possession est encore quelque chose de moins juridique qu'une vente, ou un louage. Pourquoi les Romains qui ne connaissaient point d'*emptio venditio* symbolique, auraient-ils admis une prise de possession symbolique?

2° On comprendrait à la rigueur que les jurisconsultes romain eussent admis l'*apprehensio ficta* dans quelques cas rares, isolés. Mais justement dans notre matière le cas d'*apprehensio ficta* sont les plus nombreux et de beaucoup. Pour les immeubles on peut même dire que l'*apprehensio ficta* est la règle et l'attouchement immédiat l'exception. Comment supposer dans le droit romain une telle inconséquence. — Le deuxième système appelle *apprehensio* la possibilité matérielle pour l'*accipiens* de faire de la chose ce que bon lui semble et d'en écarter toute action étrangère.

Ce système qui est, je crois, le meilleur, supprime tous les cas d'*apprehensio* fictive ou symbolique et cadre parfaitement avec les textes du droit romain.

Parcourons successivement ces textes en tant qu'ils traitent : I. de l'*apprehensio* d'immeubles, II. de l'*apprehensio* de choses mobilières.

I. APPRÉHENSION D'IMMEUBLES.

Pour acquérir la possession de biens fonds il suffit d'être présent sur l'immeuble.

Ulpien, dans la loi 77 D. Liv. VI, t. 2, pose l'espèce suivante : une femme fait par lettre donation d'un fonds à tout autre qu'à son mari (cette particularité est à noter vu la prohibition des donations entre époux) et prend ce fonds à bail. On peut soutenir que cette action de la donatrice de prendre le fonds donné à bail fait acquérir la possession et par là la propriété au donataire. Mais, dit le jurisconsulte, on n'a pas besoin de faire intervenir ici l'idée d'un bail. Dans l'espèce le donataire, au moment de la réception de la lettre était présent sur le fonds donné et sa présence emporte tradition.

En effet, le donataire présent sur l'immeuble peut à l'instant y faire ce que bon lui semble et en écarter toute action étrangère ; et il a cette possibilité non-seulement relativement à la partie de terre où il se trouve mais à tout l'immeuble. Aussi devient-il possesseur non de cette partie mais du fonds entier. C'est ce que nous apprend la loi 3, §1, D. liv. XLI, T. 2.

Les textes vont encore plus loin ; le fait d'être présent sur une partie quelconque du fonds nous donne la possession des parties voisines et par là du fonds entier ; ils en ont conclu que celui qui se trouve immédiatement à côté d'un fonds n'en devient pas moins possesseur que celui qui y a mis les pieds.

L. 18, § 2, *hoc titulo* « ......si vicinum mihi fun-« dum mercatum venditor in mea turre demonstret, « vacuamque se tradere possessionem dicat, non « minus possidere cæpi quam si pedem finibus intu-« lissem. »

II. APPRÉHENSION DE CHOSES MOBILIÈRES.

Dans l'appréhension des meubles nous rencontrons plus de variété. Il est certain d'abord que la remise du meuble entre les mains de l'*accipiens* opère tradition, mais, comme pour les immeubles, il est des cas où l'*accipiens* acquiert la possession sans se saisir matériellement de l'objet.

1. La présence immédiate remplace le fait de l'appréhension manuelle. En effet, peu importe que l'*accipiens* prenne la chose en main ou non, si à chaque instant il peut en faire tel usage que bon lui semble.

Je trouve ce principe dans la loi 79. D. liv. XLVI, t. 3 : « Pecuniam quam mihi debes aut aliam rem « si in conspectu meo ponere te jubeam, efficitur ut « et tu statim libereris et mea esse incipiat, nam « tum quod a nullo corporaliter ejus rei possessio « detineretur, adquisita mihi et quodammodo « manu longa tradita existimanda est. »

De même la loi 1, § 21, D. liv. XLI, t. 2, nous dit : « Si jusserim venditorem procuratori rem tradere, « cum ea in præsentia sit, videri mihi traditam « Priscus ait idemque esse si nummos debitorem « jusserim alii dare : non enim corpore et tactu « necesse adprehendere possessionem, sed etiam « oculis et affectu.... »

La loi 31, § 1, D. liv. XXXIX, t. 5 pose l'espèce suivante : Une mère livre à son gendre au nom de sa fille *species extra dotem*. La fille est supposée *præsens*. Ces *species*, dit le jurisconsulte, doivent être considérées comme données par la mère à sa fille et livrées par cette dernière à son mari.

Dans cet exemple la présence de la fille suffit donc pour lui faire acquérir la possession des objets donnés puisque c'est elle-même qui est censée faire tradition desdits objets à son mari.

Nous trouvons une application intéressante du principe dans la loi 5, D. liv. XLI, t. 2. Voici le sens de ce passage : Labéon dit que la possession de certaines choses peut s'acquérir sans contact matériel, par exemple, celle d'un amas de bois que j'aurai acheté. Il suffira d'y placer un gardien. De même pour un achat de vin. Il ajoute que l'on pourrait voir là une tradition corporelle, puisqu'il est indifférent que l'acheteur entreprenne de surveiller les objets en personne ou par l'intermédiaire d'un mandataire. Mais pour moi, décide Javolénus, je ne ferais pas introduire ici l'idée d'un mandataire ; la question est seulement de savoir si la tradition est parfaite quoique le bois ou le vin n'ait pas été matériellement appréhendé ? Javolénus termine en répondant à cette question par l'affirmative. En effet, notre passage suppose évidemment la présence de l'acheteur, puisque l'acheteur place un gardien, et cette présence de l'acheteur emporte tradition.

C'est de la même façon que s'exprime la loi 14, § 1, D. liv. XVIII, t. 7, *in fine.*

« Videri autem trabes traditas quas emptor si- « gnasset. » Ce n'est pas le fait de marquer les poutres qui emporte tradition, mais ce fait suppose la présence de l'acheteur et cette présence immédiate remplace l'appréhension manuelle.

Je citerai encore la loi 1, C. liv. VIII. T. 54.

« Emptionum mancipiorum instrumentis donatis

« et traditis et ipsorum mancipiorum donationem et
« traditionem factam intelligis et ideo potes adver-
« sus donatorem in rem actionem exercere. »

Souvent on a voulu voir dans ce texte la preuve
d'une tradition symbolique. Je ne crois pas à l'existence d'une telle tradition, et voici comment je
m'explique ce passage :

Lucius, à qui s'adresse ce rescrit, devait recevoir
en donation quelques esclaves d'une personne qui
les avait achetés auparavant et avait en mains les
titres. Lucius se rendit chez ce donateur qui, en
présence des esclaves exprima son intention de les
lui donner et lui remit les titres. Mais accidentel-
lement les esclaves restèrent auprès du donateur,
qui prétendit les retenir en soutenant que la donation n'avait pas été exécutée. Lucius répondit que
les esclaves étaient présents et que cette présence
équivalait à tradition ; que par conséquent il était
propriétaire ; les empereurs lui donnèrent raison.

On objectera peut-être que le rescrit ne mentionne pas la présence des esclaves. Mais il ne faut
pas l'oublier, le rescrit est fait pour un cas spécial
dont il ne retrace pas tous les éléments, bien
connus des parties ; à l'interprète de les retrouver ;
la présence des esclaves est si plausible que je crois
être autorisé à la supposer.

2. Lorsqu'il s'agit de meubles qui se trouvent
dans un bâtiment fermé à clef, la remise des clefs
opère tradition. En effet, dès que l'*accipiens* a les
clefs du bâtiment, il a la possibilité matérielle de

disposer des meubles qui s'y trouvent; tant qu'il n'a pas les clefs, il ne peut disposer desdits meubles; il n'en est devenu ni possesseur ni propriétaire.

Nombre d'auteurs partisans du système, qui exige de l'*accipiens apprehensio* matérielle de la chose, ont vu ici une tradition symbolique, une remise symbolique de la possession. Et, logiquement, ce me semble, ils auraient dû déduire de cette notion que la remise de clefs peintes ou de tout autre objet serait plus que suffisante pour emporter tradition, quel que fût d'ailleurs le lieu de cette remise. Cette conséquence logique n'avait pas été admise chez les Romains. Témoin Papinien loi 74, D., liv. XVII, t. 1, et c'est ce qui m'autorise encore plus à dire que les Romains n'ayant pas admis la conséquence, n'ont pas davantage admis l'idée mère et n'ont jamais vu dans la remise des clefs une tradition *ficta*.

La double règle que je viens de poser : toutes les fois que les clefs sont remises, la possession est transférée : sans la remise des clefs pas de tradition; se trouve confirmée par la loi 9, § 6, D. liv. XLI, t. 1.

« Item si quis merces in horreo repositas vendiderit, simul atque claves horrei tradiderit emptori, « transfert proprietatem mercium ad emptorem. »

Et encore par les lois 1, § 21, D. liv. XLI, t. 2, et 1, § 2, D. liv. XVIII, t. 6.

3. Le fait seul du dépôt des objets dans la maison de l'*accipiens* opère tradition. En effet,

l'*accipiens* a la possibilité matérielle de disposer à l'exclusion de toute autre personne desdits objets.

Ce principe est proclamé par la loi 18, § 2, D. liv. XLI, t. 2.

« Si venditorem, quod emerim deponere in mea
« domo jusserim, possidere me certum est, quan-
« quam id nemo dum attigerit. »

Et par la loi 9, § 3, D. liv. XXIX, t. 3 :

« ...Quid enim interest inferantur volente eo in
« domum ejus an ei tradantur. »

Mais cette possibilité de disposer des objets mobiliers déposés dans une maison dépend de l'usage exclusif que l'on a de faire de la maison en question.

J'en tirerai donc deux conséquences :

1. L'acquisition de la possession de ces objets mobiliers ne dépend ni de la propriété ni de la possession juridique du bâtiment. Ainsi le locataire d'une maison acquiert la possession des objets mobiliers déposés dans cette maison.

2. Par contre, l'acquisition de la possession est impossible, quand le droit exclusif au bâtiment fait défaut à l'*accipiens*, ce dernier fut-il possesseur ou propriétaire du bâtiment.

C'est ainsi que j'applique la loi 30, pr. D., liv. XLI, t. 2.

« Qui universas ædes possidet, singulas res quæ
« in ædificio sunt, non videtur possedisse. »

Nombre d'auteurs expliquent différemment ce passage. Ils entendent par « *res quæ in ædificio sunt* » les poutres et les pierres dont la maison est construite ; ce passage ne présenterait alors aucune difficulté.

Cette interprétation me semble un peu forcée ; si les Romains avaient voulu exprimer l'idée qu'on leur prête, c'eut été, je crois, en termes différents, comme ils l'ont fait dans la loi 36, D., liv. XXI, t. 2 et dans la loi 7, § 11, D., liv. XLI, t. 1.

Les textes que nous venons de parcourir sont en parfaite harmonie avec le système que j'ai cru devoir adopter sur l'*apprehensio*. Le caractère de cette *apprehensio* se trouve encore plus nettement déterminé dans les espèces où se rencontre, suivant les commentateurs la *traditio brevi manu*.

Primus est mon locataire ou mon commodataire : il n'a pas, par conséquent, la possibilité matérielle de faire de la chose louée ou donnée à commodat ce que bon lui semble ni d'en écarter toute action étrangère. Je lui vends la chose louée. La tradition sera réputée accomplie et le commodataire deviendra possesseur et par là propriétaire, car il aura la possibilité matérielle de disposer de la chose à l'exclusion de tout autre.

En ce sens, je citerai la loi 9, § 5, D., liv. XLI, t. 1.

« Interdum etiam sine traditione nuda voluntas
« domini sufficit ad rem transferendam ; veluti si
« rem quam commodavi aut locavi tibi aut apud te
« deposui, vendidero tibi : licet enim ex ea causa
« tibi non tradiderim eo tamen quod patior eam ex
« causa emptionis apud te esse, tuam efficio. »

Et encore la loi 9, § 9. D.. liv. XII, t. 1.

CHAPITRE II.

DU TRADENS.

Pour que la tradition soit translative de propriété, il faut chez le *tradens* la réunion de certaines qualités qu'il s'agit de préciser.

A. — Le *tradens* doit être propriétaire de la *res
tradita* et capable de l'aliéner, ou, s'il n'est pas
propriétaire, avoir reçu le pouvoir d'aliéner du
propriétaire ou de la loi elle-même.

B. — Le propriétaire qui aliène ou donne mandat
d'aliéner une chose doit être en possession de cette
chose.

Je reprends ces conditions :

A. I^{ent} *Le tradens doit être propriétaire.*— Cette
condition se comprend très-bien, nul ne peut, en
général, transférer à autrui des droits qu'il n'a pas
lui-même, Four transporter la propriété, c'est-à-
dire faire passer la propriété de votre tête sur celle
d'nn autre, il faut d'abord que cette propriété ré-
side sur votre tête.

De plus, le propriétaire doit être capable d'a-
liéner ; il y a donc des propriétaires incapables d'a-
d'aliéner ; il s'agit d'énumérer et de préciser ces incapacités.

1° *Incapacité du fou.*

Les Romains distinguent les intervalles lucides et les moments de démence. Dans ses intervalles lucides, le fou est pleinement capable, c'est ce que nous prouvent les *institutes*. Liv. II, t, 12, § 1er :

« Furiosi autem si per id tempus fecerint testa-
« mentum, quo furor eorum intermissus est jure
« testati esse videntur. »

Et la loi 2, C. liv. IV, t. 38 « Emptionem et ven-
« ditionem consensum desiderare, nec furiosi ullum
« esse consensum manifestum est. Intermissionis
« autem tempore furiosos..... venditiones et alios
« quoslibet contractus posse facere non ambigi-
« tur. »

Le fou se trouve-t-il au contraire dans un moment de démence ? Comme la volonté lui manque absolument, tous les actes qu'il peut faire sont nuls sans exception.

Les *institutes*, liv. III, t. 19, § 8, nous disent que le fou ne peut faire aucun acte juridique, car il ne comprend pas ce qu'il fait.

La loi 1, § 12, D. liv. XLIV, t. 7, envisage succes-sivement le cas où dans une stipulation le fou joue le rôle de *stipulans* et le cas où il joue le rôle de *promittens* et elle ajoute *nihil agere natura mani-festum est.*

2° *Incapacité du pupille.*

Le droit romain distingue parmi les pupilles deux classes : les pupilles *infantes*, c'est-à-dire mineurs de sept ans. (C. loi 18, liv. VI. t. 30.), et les pupilles *infantia majores.*

Les premiers sont considérés comme dépourvus de tout discernement et en conséquence incapables de faire aucun acte juridique.

Cette règle se trouve nettement indiquée dans Gaius (Comm. III, § 109.)

«... Nam infans non multum a furioso differt, quia « hujus ætatis pupilli nullum intellectum habent. »

Quant un pupille sorti de l'*infantia* on distingue : il peut faire seul tous les actes qui rendent sa condition meilleure. Quant aux actes qui rendent sa condition pire, par exemple, une tradition, il ne peut le faire sans l'*auctoritas tutoris.*

Les *institutes* posent clairement ce principe : (Inst. liv. II, t. 8, § 2, *passim*).

« Ideo si mutuam pecuniam alicui sine tutoris « auctoritate (pupillus) dederit, non contrahit obli- « gationem quia pecuniam non facit accipientis, » « Sed ex diverso pupilli vel pupillæ solvere sine. « tutore auctore non possunt, quia id, quod sol- « vunt, non fit accipientis. »

Telle est la règle générale. Mais est-il vrai de dire

absolument que toute tradition émanée du pupille autorisé sera valable ? Je ne le pense pas.

Le pupille de son tuteur autorisé ne saurait faire des aliénations valables là où le tuteur ne pourrait lui-même aliéner.

Un sénatusconsulte proposé par l'empereur Sévère (l. 1, § 2, D. liv. IX, t. 27), défendit au tuteur d'aliéner les *prædia rustica vel suburbana* du pupille. Il excepte cependant les quatre cas suivants :

a. Le père du pupille a lui-même par une clause expresse de son testament ou par codicille permis l'aliénation.

b. L'immeuble est entré dans le patrimoine du pupille grevé d'un droit de gage ou d'hypothèque du chef du précédent propriétaire, le créancier gagiste ou hypothécaire ne saurait être frustré de son droit de vendre.

c. Il s'agit d'un immeuble indivis entre un pupille et un majeur de vingt-cinq ans. Ce dernier provoque le partage. Ce partage aura son effet ordinaire et pourra aboutir à enlever au pupille tout ou partie de son droit indivis (l. 17 C. liv. V, t. 71.)

d. Le pupille a des dettes à payer et il est impossible de faire face à ces dettes sans aliéner un immeuble. Le tuteur pourra alors aliéner un immeuble en vertu d'un décret du *prætor urbanus* ou du *præses provinciæ*. (l. 5 §§ 9. 11 et 14 D. liv. XXVII, t. 9.)

Contantin compléta les dispositions de ce sénatusconsulte (l. 22, C. liv. V, t. 37) et les étendit aux *prædia urbana* et à certains meubles précieux qu'il énumère.

3° *Incapacité du prodigue.*

A la différence de l'incapacité du fou, incapacité pour ainsi dire intermittente, celle du prodigue ne resulte que de l'interdiction prononcée par le magistrat et ne finit qu'avec elle. Mais, d'un autre côté, le prodigue ne perd ni son intelligence ni sa volonté. On a donc admis qu'il pourrait faire seul tous les actes qui rendraient sa condition meilleure, mais ne pourrait rendre sa condition pire, *verbi gratia* aliéner, faire une tradition sans le consentement de son curateur.

Ce principe est posé très-clairement dans la L. 6, D. liv. XLV, t. 1 :

« Is cui bonis interdictum est, stipulando sibi « acquirit ; tradere vero non potest vel promittendo « obligari. »

Mais cette règle générale doit être, je crois, entendue avec une certaine restriction. Le sénatus-consulte de Septime-Sévère, complété par Constantin, me semble en effet, à raison de sa généralité devoir s'appliquer aux curateurs des prodigues et par suite aux prodigues assistés de leurs curateurs.

4° *Incapacité du mineur de vingt-cinq ans en curatelle.*

Dans le dernier état du droit les jurisconsultes romains distinguent parmi les mineurs de vingt-cinq ans ceux qui ont demandé un curateur à ceux qui n'en ont pas demandé. Les premiers sont assimilés aux prodigues et capables de faire, seuls, tous les actes juridiques de nature à rendre leur condition meilleure ; avec l'assistance de leur curateur même ceux de nature à rendre leur condition pire. Les seconds au contraire ont pleine capacité pour tous actes, par conséquent même pour les aliénations, sauf le bénéfice de l'*in integrum restitutio*. Dioclétien proclame cette distinction dans la loi 3, C. liv. II, t. 22 :

« Si curatorem habens minor quinque et viginti
« annis post pupillarem ætatem res vendidisti,
« hunc contractum servari non oportet, quum non
« absimilis ei habeatur minor curatorem habens,
« cui a prætore curatore dato bonis interdictum
« est. Si vero sine curatore constitutus contractum
« fecisti implorare in integrum restitutionem, si
« necdum tempora præfinita excesserint causa
« cognita non prohiberis. »

Du reste il faut bien remarquer que le mineur de vingt-cinq ans pourvu ou non d'un curateur reste soumis aux dispositions du sénatus-consulte de Septime-Sévère (liv. II, C. t. 25, loi 3.)

5° *Incapacité du mari.*

Nous avons à nous occuper de l'incapacité spéciale du mari relativement à l'aliénation du *prædium dotale.*

Avant Auguste le mari, propriétaire de la dot, pouvait aliéner librement tous les biens dotaux; si donc la dot comprenait des fonds Italiques et des fonds provinciaux, il aliénait librement les premiers par un mode quelconque du droit civil, les seconds par les modes du *jus gentium,* par conséquent par tradition.

Vint sous Auguste la loi Julia *de adulteriis et de fundo dotali.* Quelles étaient les restrictions apportées par cette loi à la capacité du mari? Justinien dans ses *Institutes* (Liv. II, T. 8, pr.) nous apprend que cette loi défendait au mari d'aliéner sans le consentement de sa femme le *prædium dotale,* mais ne statuait que pour les fonds Italiques. Nous pourrions donc en conclure que les fonds provinciaux restaient sous l'empire de l'ancienne législation, et qu'ainsi, au point de vue de notre étude, la loi Julia n'avait aucunement changé la capacité du mari, les fonds provinciaux seuls pouvant être aliénés par tradition. Mais cette limitation de la loi Julia au sol italique fut-elle l'œuvre de la loi elle-même? Je croirais plutôt que la loi Julia ne s'expliquait pas sur ce point : Gaius, en

effet, nous dit que de son temps la question était discutée : (Gaius com. II, § 63.) « Nam dotale præ-
« dium maritus invita muliere per legem Juliam
« prohibetur alienare, quamvis ipsius sit, vel man-
« cipatum ei dotis causa, vel in jure cessum, vel
« usucaptum ; quod quidem jus utrum ad Italica
« tantum prædia, an etiam ad provincialia perti-
« neat, dubitatur. »

Je crois donc que dans le silence de la loi Julia ce fut la jurisprudence qui trancha la controverse dans le sens de la négative, et voici, par suite de quel raisonnement : les fonds provinciaux ne sont. pas susceptibles de *dominium* dans le sens vrai du mot; on ne peut donc pas les aliéner dans le sens rigoureux du mot, puisqu'aliéner c'est transférer le *dominium*.

La loi Julia contenait certaines exceptions. Elle ne s'appliquait pas :

a. — Aux aliénations *per universitatem*. Suppo-sons le mari *sui juris*; il se donne en adrogation le fonds dotal passera à l'adrogeant, mais avec son caractère inaliénable. (L. 1, § 1er et l. 2, D. Liv. XXIII, t. 5.)

b. — Aux aliénations qui ont une cause néces-saire. La dotalité porte sur une part indivise : le partage est demandé non par le mari, mais par son copropriétaire. Que l'immeuble soit adjugé entiè-rement à ce dernier ou licité au profit d'un étran-ger, il y a aliénation de la part dotale et cette alié-nation est valable. (L. 2; C. Liv. V, t. 23.)

Justinien, dans ses *Institutes* (liv. II, t. 8, pr.)
corrigea, comme il le dit lui-même, la loi Julia. Il
défendit absolument au mari d'aliéner l'immeuble
dotal, même avec le consentement de sa femme,
que cet immeuble fût situé en Italie ou dans les
provinces, peu importait.

La suppression de l'antique division des choses
en *res mancipi* et *res nec mancipi*, jointe à l'innovation de Justinien, limita au point de vue de notre
matière la capacité du mari ; celui-ci ne put, sauf les
cas exceptionnels plus haut énumérés, aliéner par
tradition un immeuble dotal, quel qu'il fût.

II[ent]. Nous avons vu que le *tradens* propriétaire
peut en général transférer à autrui le *dominium* de
sa chose ; nous avons vu les exceptions à ce principe. Il est en outre, avons-nous dit, des cas où le
tradens peut être un non propriétaire ; c'est quand
il a reçu le pouvoir d'aliéner la chose du proprié-
tai ou de la loi elle même. Parcourons successivement ces deux hypothèses.

Première hypothèse. — Le *tradens* a reçu du
propriétaire le pouvoir d'aliéner la chose.

A cette idée générale se rattachent les espèces
particulières suivantes :

1° *Tradition par un esclave ou un fils de famille.*

Les esclaves et les fils de famille peuvent faire
tradition lorsqu'ils agissent conformément à la volonté du maître ou du père de famille. Cette volonté

peut être expresse. Elle peut aussi être tacite et résulter de la concession d'un pécule avec faculté de l'administrer librement. C'est ce que nous dit très clairement la loi 41, § 1, D. Liv, VI, t. 1.

« Si servus mihi vel filius familias fundum ven-
« didit et tradidit, habens liberam peculii adminis-
« trationem, in rem actione uti potero. Sed et si
« voluntate domini rem tradat, idem erit dicen-
« dum...... »

Du reste cette concession d'un pécule avec libre administration n'emporte jamais pour l'esclave ou le fils de famille le pouvoir de faire des aliénations gratuites. (Loi 28, § 2, D. Liv. II, t. 14.) Emporte-t-elle même le pouvoir de faire toute aliénation à tion à titre onéreux; c'est une question de fait.

« Facti tamen erit quœstio, si quæratur quous-
« que iis permissum videatur peculium adminis-
« trare » nous dit la loi 1, § 1, D. Liv. XX. t. 3.

2° Tradition par un mandataire.

Un mandataire peut certainement faire tradition au nom de son mandant; c'est ce que proclament les Institutes de Justinien (Liv. II. t. 1, § 42.) Mais quel caractère doit présenter le mandat pour qu'une pareille aliénation soit valable?

Pour le mandat spécial nulle difficulté. Primus donne à Secundus mandat de livrer tel objet déterminé à Tertius. Secundus exécute ce mandat La tradition sera valable.

Mais *quid* du mandataire général ? Peut-il faire des actes de disposition ?

Des interprètes distinguent le mandataire simplement général et le mandataire général *cum libera*. Le premier n'a aucunement le pouvoir de disposer; on invoque en ce sens les lois 60 et 63, D. Liv. III, t. 3. Le second au contraire peut disposer à titre onéreux. C'est, dit-on, ce que plusieurs textes reconnaissent (§ 43. Inst. Liv. II. Tit. 1.— L. 58, D. Liv. III, t. 3.— L. 9. § 4. D. Liv. XLI, t. 1.)

Je ne crois pas cette distinction fondée.

Nous voyons en effet des textes permettre au mandataire simplement général divers actes de disposition. La loi 20. § 1. D. Liv. XLVI, t. 2, autorise le mandataire général à nover.

« Pupillus sine tutoris auctoritate non potest « novare, tutor potest, si hoc pupillo expediat, « item procurator omnium bonorum. »

Les lois 17. § 3. D. Liv. XII, t. 1 et 12. D. Liv. II, t. 14, lui permettent de déférer un serment, de plaider, même de consentir un pacte *de non petendo*.

D'un autre côté l'esclave et le fils de famille, avons-nous dit; ne peuvent pas, quoiqu'investis de la libre administration de leur pécule, faire tout acte de disposition même à titre onéreux (L. 1. § 1. D. Liv. XX, t. 3), et cependant la situation du fils

de famille, qui a la libre administration d'un pécule, est fort analogue à celle du mandataire général *cum libera*.

Mon opinion est donc que, pour savoir si telle
tradition consentie par un mandataire général est
ou non valable, il ne faut pas servilement s'attacher aux termes du mandat; le plus ou le moins
d'étendue des pouvoirs du mandataire général ne
dépend pas des mots *cum libera*, mais est une
simple question de fait.

Deuxième hypothèse. — Le *tradens* a reçu de la
loi elle-même le pouvoir d'aliéner la chose d'autrui.

Énumérons successsivement les divers cas où la
loi autorise un non-propriétaire à faire tradition
c'est-à-dire en définitive à aliéner la chose d'autrui.

1º Les *Institutes* de Justinien (liv. II, t. 8, § 1),
citent le cas du créancier gagiste, non payé à l'é-
chéance de la dette. J'y ajouterai le cas du premier
créancier hypothécaire. Le droit de vendre et par
conséquent d'aliéner fut toujours de l'essence de
l'hypothèque, mais ne fut pas toujours de l'essence
du gage. Dans le principe il paraît bien que le pouvoir de vendre devait être expressément concédé au
créancier gagiste. Gaius nous dit en effet, dans son
Com. II, § 64 : « Voluntate debitoris intelligitur
« pignus alienari, qui olim pactus est ut liceret
« creditori pignus vendere si pecunia non sol-
« vatur. »

Plus tard, ce pouvoir de vendre fut tacite et enfin
la clause *ne distraheretur* finit par n'avoir plus

qu'un effet très restreint ; obliger le créancier à faire trois dénonciations au débiteur avant d'exercer son *jus distrahendi*. A ce moment le droit d'aliéner devint donc de l'essence du gage, et l'explication que donne Justinien de ce *jus distrahendi*, explication imitée de celle de Gaius, ne peut elle-même s'expliquer que par une servilité de copiste.

2º Les tuteurs ou curateurs peuvent aliéner les choses appartenant aux pupilles et aux mineurs. Mais ces aliénations ne peuvent jamais avoir lieu à titre gratuit (l. 22, D. liv, XXVI, t. 7). En outre, les tuteurs et curateurs sont soumis aux dispositions du sénatus-consulte de Sévère, corrigé par Constantin.

3º Les *Institutes* nous présentent un troisième cas où un non-propriétaire peut aliéner et dans le liv; II, t. 6, § 14 posent l'espèce suivante : Une personne a acquis du fisc la chose d'autrui. Le fisc a fait tradition. Quel sera le sort de cette aliénation ? Longtemps cette aliénation resta gouvernée par le droit commun. Marc-Aurèle modifia cette législation mais seulement en ce qui concernait les aliénations faites par le fisc en exécution d'un contrat de vente. Il accorda à l'acheteur au bout de cinq ans à dater du contrat une exception contre la revendication du véritable propriétaire. Zénon modifia à son tour l'ordre de choses existant. L'acquéreur du fisc, acheteur ou même donataire devint propriétaire dès l'instant de la tradition (l. 2, C. liv. VII, t. 37). Enfin Justinien alla encore plus loin et déclara les innovations de Zénon applicables aux aliénations faites et à faire tant par sa maison que par la maison de l'impératrice. Cette extension se trouve consignée dans la loi 3, C. liv. VII, t. 37.

B. Le propriétaire qui fait tradition d'une chose doit en être possesseur.

Cette condition se comprend très-bien. Faire tradition c'est remettre à l'*accipiens* la possession légale et pour remettre à autrui la possession légale, il faut soi-même l'avoir. Je déduis ce principe du rapprochement des lois 18 et 21 D. liv. VI, t. I.

Voici l'espèce de la loi 18. Un propriétaire revendique un esclave. Depuis la réception de la formule le possesseur a usucapé l'esclave. Il devra en retransférer la propriété au revendiquant, et pour cela faire tradition.

La loi 21 pose une espèce un peu différente, c'est-à-dire, ajoute un élément de plus à l'espèce précédente : l'esclave est en fuite. Le texte examiné alors une question de responsabilité ; l'esclave avait-il une parfaite réputation ; le défendeur n'est pas en faute de ne pas l'avoir mieux gardé ; il doit être absous mais doit céder ses actions au revendiquant.

Ce texte rapproché du précédent montre clairement que la fuite de l'esclave suffit pour rendre toute tradition impossible. Or, cette fuite enlève au défendeur la possession de l'esclave. Qu'en conclure si ce n'est qu'une tradition est impossible si dans la personne du *tradens* à la propriété ne se trouve jointe la possession.

CHAPITRE III.

DE L'ACCIPIENS.

L'*accipiens* peut ou recevoir la tradition pour son propre compte ou la recevoir pour un tiers. Dans notre étude des qualités requises chez l'*accipiens* pour que la tradition à lui faite soit translative de propriété nous envisagerons successivement chacune de ces deux hypothèses.

§ 1er.

L'accipiens reçoit la tradition pour son propre compte.

Il faut ici poser deux règles :

Première règle. — Les personnes *sui juris* peuvent en thèse générale recevoir toujours la tradition pour leur propre compte.

Deuxième règle. — Les personnes *alieni juris* ne peuvent rien acquérir pour elles-mêmes.

Ces deux règles reçoivent certaines exceptions.

A. *Exceptions à la première règle.*

Nous avons vu dans le premier chapitre de notre étude qu'indépendamment de l'*apprehensio*, la tradition, pour être efficace exigeait chez l'*accipiens* le revêtement de l'*animus domini*. Il faut en conclure que les personnes *sui juris* ne peuvent recevoir de tradition que si elles sont capables d'avoir une volonté. Partant de cette idée les jurisconsultes romains avaient dans notre matière établi diverses incapacités que nous allons énumérer.

1° *Incapacité des personnes civiles.*

Les personnes civiles, c'est-à-dire celles qui ne deviennent capables d'avoir des droits que grâce à une fiction juridique, ne peuvent acquérir de possession et par conséquent recevoir de tradition. C'est ce que nous prouve la loi 1, § 15, D. Liv. XLVII, t. 4. Il s'agit dans cette loi d'une succession, *hereditas jacens*.

« Possessionem hereditas non habet quæ est « facti et animi. »

Même décision pour les corporations.

2° *Incapacité du fou.*

Le fou ne saurait en aucune façon jouer dans une tradition le rôle d'*accipiens*. La règle et son motif se trouvent indiqués dans la loi 1, § 3, D. Liv. XLI, T. 2.

« Furiosus et pupillus sine tutoris auctoritate
« non potest incipere possidere, quia affectionem
« tenendi non habent, licet maxime corpore suo
« rem contingant : sicuti si quis dormienti aliquid
« in manu ponat. »

3° *Incapacité du pupille infans.*

Parmi les impubères je distinguerai le pupille infans et le pupille *infantia major*.

Le pupille *infantia major* peut-il recevoir une tradition pour son propre compte ? Avec l'*auctoritas* du tuteur nul doute. *Quid* sans cette *auctoritas*?

Suivant M. de Savigny, dans son traité de la possession en droit romain, cette question n'est pas susceptible d'une solution unique. Le pupille *infantia major* agissant seul est-il assez développé pour pouvoir comprendre et vouloir sérieusement l'acquisition, il faut répondre à notre question par l'affirmative. Dans le cas contraire, par la négative.

Le savant auteur s'appuie sur la loi 1, § 3, D. Liv. XLI, t. 2. Que dit en effet cette loi ? Voici son sens d'après M. de Savigny : Le pupille peut toujours acquérir la possession avec l'*auctoritas* de son tuteur. Suivant Ofilius et Nerva il le peut même seul. Paul se range à cet avis, mais il faut, dit-il, que le pupille soit assez développé pour comprendre ce qu'il fait.

Je ne crois pas cette opinion acceptable. Selon moi tout pupille, *infantia major* peut sans *aucto-ritas tutoris* jouer dans une tradition le rôle d'*accipiens*. Je me fonde :

Sur la loi 32, § 2, D. liv. XLI, t. 2; qui ne fait aucune distinction entre les pupilles :

« ..... Pupillus tamen sine tutoris auctoritate « possessionem nancisci potest. »

Sur la loi 9 pr. D. liv. XXVI, t. 9 :

« Obligari ex omni contractu pupillus sine tuto- « ris auctoritate non potest. Acquirere autem sibi « stipulando et per traditionem accipiendo etiam « sine tutoris auctoritate potest. »

Et enfin sur ce principe général que le pupille sorti de l'*infantia* peut faire seul tous les actes qui rendent sa condition meilleure. Or; acquérir la propriété c'est rendre sa condition meilleure. On m'objectera la loi 1, § 3, D; liv. XLI, t. 2, citée par M. de Savigny. Je répondrai que je ne donne pas à cette loi le sens que lui prête l'éminent romaniste. Quel est en effet le texte de cette loi :.

« ..... Pupillus tutore auctore incipiet possidere. « Ofilius quidem et Nerva filius etiam sine tutoris « auctoritate possidere incipere posse pupillum « aiunt; eam enim rem facti non juris esse; quæ « sententia recipi potest si ejus ætatis sint ut intel- « lectum capiant. »

Toute la difficulté est dans ces mots : « Si ejus

« ætatis sint ut intellectum capiant. » Suivant moi
ces mots sont synonymes de : « Si infantia majores
sint. » Je le prouve. Rapprochons en effet notre
fragment d'un texte tiré de Gaius. (Comm. III,
§ 109.)

« Nam infans non multum a furioso differt quia
« hujus ætatis pupilli nullum intellectum habent. »

Gaius, dans ce passage nous dit clairement que
l'*infans* est celui qui *nullum intellectum habet*.
Tirons-en par argument *a contraria* que tout
infantia major intellectum habet et qu'en se servant de ces mots « si ejus ætatis sint ut intellectum capiant » Paul a seulement entendu employer
une périphrase commode pour désigner d'un seul
coup l'âge qu'il exige chez le pupille pour que l'opinion d'Ofilius soit acceptable et le motif qui lui fait
refuser au pupille au dessous de cet âge agissant
seul l'acquisition de possession.

S'il fallait un argument peut-être plus décisif encore, il ne serait pas difficile, je crois, de le trouver
dans la phrase même : *si ejus ætatis sint ut intellectum capiant*. Si l'on veut, en effet, la traduire en
s'attachant rigoureusement à chaque mot, on trouve
que son sens ne peut être que celui-ci : si le pupille
est arrivé à cet âge fixé où l'on prend son intelligence.

Passons maintenant au pupille *infans*.

L'*infans* ne peut acquérir de possession par lui-
même, ne peut, par conséquent jouer seul dans
une tradition le rôle d'*accipiens* : cela résulte des

textes que nous avons cités quand nous nous sommes occupés des pupilles *infantia majores*. Mais l'acte personnel de l'enfant peut-il lui faire acquérir la possession et, par contre, la propriété, lorsque l'*auctoritas* du tuteur vient s'y joindre ? Deux motifs semblent devoir faire répondre néga- tivement à cette question. Lorsque les lois nous parlent de l'*auctoritas tutoris*, il s'agit toujours de pupilles proprement dits, non d'*infantes*, (L. 5, D. liv. L, t. 17, l. 1, § 2, D. liv. XXVI, t. 7.) L'*aucto- ritas* du tuteur n'est, en effet, qu'un augment de ca- pacité, et l'*infans* n'a aucune capacité. D'un autre côté, l'acquisition de la possession n'est pas un acte juridique ; c'est la volonté du possesseur qu'il faut considérer sans qu'on puisse y suppléer par une fiction juridique. Malgré ces raisons, la jurispru- dence finit par admettre, après de longues hésita- tions, que l'*infans* autorisé de son tuteur pourrait recevoir une tradition. Voici quel fut le raisonne- ment des jurisconsultes : il est reçu (nous le ver- rons dans le § 2 de ce chapitre) que le tuteur peut recevoir une tradition pour son pupille *infans* sans que ce dernier intervienne. D'autre part, quand nous avons étudié la nature de l'*apprehensio*, nous avons cité la loi 1, § 21, D. liv. XLI, t. 2.)

« Si jusserim venditorem procuratori rem tra- « dere, cum ea in præsentia sit, videri *mihi* tradi- « tam Priscus ait... »

Partant de ces deux idées, les jurisconsultes ro- mains en vinrent dans notre espèce, dont je rap-

pelle les éléments : acte personnel posé par l'*infans*
et *auctoritas* du tuteur ; par considérer l'*infans*
comme le *procurator* du tuteur et considérer la tradition comme faite au tuteur lui-même, *quum ea
in præsentia sit tutoris.*

La règle et son motif se trouvent consignés dans
la loi 32, § 2, D. liv. IV, t. 2.)

« Infans possidere recte potest, si tutore auctore
« cæpit ; nam judicium infantis suppletur auctori-
« tate tutoris ; utilitatis enim causa hoc receptum
« est ; nam alioquin nullus consensus infantis est
« accipienti possessionem. »

Dans ce texte, on oppose évidemment le *tutor
auctoritatem interponens* au *tutor accipiens possessionem* et de la validité du second acte on conclut à
la validité du premier. Voici le sens du passage : la
validité de l'*auctoritas* a été admise exceptionnel-
lement *utilitatis causa.* Pour l'écarter, il faudrait,
en effet, alléguer que le possesseur n'a pas l'*animus
possidendi.* Or, il en est de même dans le cas où
l'*infans* acquiert par son tuteur ; il n'a pas davantage l'*animus possidendi.* Dans ce deuxième cas, la
possession est considérée comme acquise à l'*infans* :
il faut décider de même dans le premier.

Le principe posé, nous nous trouvons en face
d'une grande difficulté, la loi 3, C. liv VII, t. 32.
Voici ce texte :

« Donatarum rerum a quacumque persona in-
« fanti vacua possessio tradita corpore quæritur.
« Quamvis enim sint auctorum sententiæ dissen-

« tientes, tamen consultius videtur, interim, licet
« animi plenus non fuisset affectus, possessionem
« per traditionem esse quæsitam ; alioquin, sicuti
« consultissimi viri Papiniani responso contine-
« tur, nec quidem per tutorem possessio infanti
« poterit acquiri. »

Les auteurs ne sont pas d'accord pour interpréter ce passage. Ils se partagent entre trois systèmes
principaux.

Premier système. — Le texte établit quelque chose
de tout nouveau. L'enfant peut dorénavant sans
auctoritas tutoris jouer dans une tradition le rôle
d'*accipiens.*

La règle admise, les partisans de ce système dif-
fèrent lorsqu'il s'agit de l'appliquer. Les uns l'entendent d'une manière générale ; d'autres la res-
treignent au cas de donation, seul cas prévu par le
texte. D'autres enfin la limitent aux objets dont
la possession intéresse spécialement les enfants, par
exemple aux jouets. Que si on leur objecte la non
existence d'un *animus possidendi* chez le possesseur, les uns allèguent qu'à l'égard des jouets et
autres petits objets les enfants ont autant que qui
que ce soit l'*animus possidendi* : « Alii distingunt,
« nous dit Azon, aut dedit eis res quarum voluit
« infans retinere possessionem ut denarios, casta-
« neas et similia ludicra ; aut quarum noluit reti-
« nere possessionem ut castrum vel talia. In primis
« bene habet affectum et acquirit possessionem ; in
« aliis non. » Les autres, Puchta par exemple, ré-

pondent que si, contrairement aux principes rigoureux du droit, ou admet dans la loi 32, § 2, D. liv. XLI, t. 2, que le tuteur peut suppléer par son *auctoritas* à l'*animus* insuffisant de l'enfant, il n'est pas étonnant de voir notre texte, par une dérogation analogue, laisser le *tradens* compléter par sa volonté positive la volonté incomplète de l'enfant.

Deuxième système. — L'enfant peut sans *auctoritas* du tuteur jouer le rôle d'*accipiens* dans une tradition mais il n'acquiert la propriété que provisoirement, *interim,* c'est-à-dire jusqu'à ce que l'*auctoritas* du tuteur vienne suppléer à ce qui manque dans cette acquisition.

Troisième système. — Notre passage sous entend l'*auctoritas* du tuteur et n'est en réalité qu'une application du principe d'utilité formulé plus haut.

C'est ce dernier système que je crois devoir adopter. J'objecterai, en effet, aux partisans du premier système, à Azon, que les jurisconsultes romains ne se sont sans doute jamais beaucoup occupés de ses châtaignes, surtout au point d'en faire une querelle d'école, et qu'il est au moins douteux que l'empereur Décius dans sa constitution ait eu en vue *similia ludicra.* Et à Puchta que l'on ne doit admettre de dérogation aux principes du droit que lorsqu'elle résulte d'un texte formel tel que la loi 32, D. *de Poss.*, et qu'il faut bien se garder de conclure d'une exception admise *utilitatis causa* à une autre exception rien moins qu'utile.

Il me semble en outre que si notre texte eut

introduit l'innovation que l'on veut y voir, nous ne trouverions pas dans la compilation de Justinien une constitution bien postérieure à celle de Décius (L. 26, C. liv. VIII, t. 54), d'où il résulte clairement que sous Constantin l'enfant ne pouvait recevoir seul une tradition.

Aux auteurs du second système je dirai d'abord que l'*auctoritas tutoris* intervenant après coup est un fait inusité en droit romain et en outre qu'avec leur explication on ne saurait trouver le lien d'idée qui doit exister entre le dernier membre de phrase et le reste du fragment.

J'arrive à l'établissement du troisième système. Je remarque en premier lieu que nous sommes en présence d'un rescrit fait pour un cas spécial dont nous aurons à retrouver les éléments et en second lieu que l'empereur donne le motif de sa décision et déclare l'emprunter à un *responsum* de Papinien. De cette deuxième remarque je déduis : où se trouve le motif doit se trouver la règle : la règle est donc dans un *responsum* de Papinien. Je cherche dans les *responsa Papiniani* le passage rappelé. Ce passage n'est autre que la loi 32 D. *de Poss.* expliquée plus haut. Il existe en effet entre cette loi et la constitution de Décius, une identité de motifs frappante, qui prouve que dans ce *responsum* seulement l'empereur a pu puiser sa décision. Or, cette loi 32 D. *de Poss.*, pose clairement le principe que l'*infans* peut acquérir par tradition avec l'*auctoritas* de son tuteur. Nous devons donc rétablir dans la loi 3, C. l'élément qui y fait défaut, l'*auc-toritas tutoris*.

On niera peut-être cette connexité entre la loi 3 C. *de Poss.* et la loi 32 D. *de Poss.* et pour ce faire on m'objectera que la loi 32 D. *de Poss.* porte dans le manuscrit de Florence la suscription : Paulus lib. 15, *ad Sabinum.* Cet argument serait sans réplique si d'autres manuscrits (Alciat en fait foi), ne portaient : *Papinianus,* lib. 11, *Responsorum.* Nous avons donc deux leçons ; laquelle est la vraie. Je penche pour la seconde. En effet du copiste qui a mis en tête de la loi 32 D. *de Poss. Papinianus,* lib. 11, *Responsorum,* et du copiste qui a écrit en tête de la même loi Paulus, lib. 15, *ad Sabinum,* l'un s'est trompé évidemment. L'erreur du premier est-elle plausible ? Je ne le crois pas ; dans tout le livre XLI du Digeste jusque et y compris la loi 31 *de Poss.* il ne se trouve aucun extrait des *responsa Papiniani. Quid* de l'erreur du second ? Je la conçois fort bien ; la loi 30 D. *de Poss.* porte la suscription : Paulus, lib. 15, *ad Sabinum* ; la loi 31 est fort courte. Il arrive souvent dans les Pandectes qu'un seul et même texte se trouve coupé par un autre passage et le copiste a parfaitement pu considérer les lois 30 et 32 D. *de Poss.* séparées seulement par la petite loi 31 comme une seule citation d'un même auteur.

B. *Exceptions à la deuxième règle.*

Longtemps la règle que les personnes *alieni juris* ne peuvent rien acquérir pour elle-même fut absolue. Elle s'adoucit cependant dans une certaine mesure par l'établissement des pécules « castrense, quasi castrense et adventitium, » qui permit dans certains cas aux fils de famille d'acquérir pour eux-mêmes et non pour leur *pater familias*.

Voyons l'historique de ces pécules.

Le pécule *castrense* paraît remonter à Auguste. C'est du moins ce qu'on peut conjecturer en lisant les *Institutes* de Justinien liv. II, t. 12, pr. Ce pécule comprenait tout ce que le fils de famille militaire avait pu acquérir en cette qualité et qu'il n'aurait point acquis sans cette qualité. C'est ce que nous dit la loi 11, D. liv. XLIX, t. 17.

« Castrense peculium est quod a parentibus vel
« cognatis in militia agenti donatum est, vel quod
« ipse filiusfamilias in militia adquisiit, quod nisi
« militaret, acquisiturus non fuisset. » Relativement à ce pécule le fils de famille était réputé *paterfamilias*, d'où il suit qu'il en avait la pleine propriété.

Le pécule *quasi castrense* s'établit à l'imitation du pécule *castrense*; il fut créé par Constantin pour les fils de famille *palatini Principis*. Il se composait des économies que ces derniers réalisaient sur leur

traitement et des dons à eux faits par le prince.
(L. unic. C. liv. XII. t. 31,) Plus tard les avocats, et
finalement sous Justinien, tous les fonctionnaires
rétribués par l'Etat purent avoir un pécule *quasi
castrense*. Les fils de famille avaient la pleine propriété du *peculium quasi castrense*.

Le pécule *adventice* apparaît aussi sous Constantin. Il ne comprenait d'abord que les biens recueillis
par l'enfant en qualité d'héritier légitime ou testa-
mentaire de sa mère (L. 1, C. liv. VI, t. 60.) Plus
tard la donnée première s'élargit singulièrement et
enfin sous Justinien tous les biens qui n'étaient
ni *castrensia* ni *quasi castrensia* et que le fils de
famille ne devait pas à la libéralité du *paterfamilias* firent partie de ce pécule (l. 6, C. liv. VI, t. 61).
Le fils de famille n'avait que la nue-propriété du
peculium adventitium ; l'usufruit était au père.

Par l'établissement de ces pécules, les fils de famille devinrent donc capables d'être propriétaires.
Qu'en conclure si ce n'est que les modes d'acquérir
la propriété leur furent ouverts et qu'ils purent
recevoir une tradition pour eux-mêmes.

§ 2.

L'accipiens reçoit la tradition pour un tiers.

Posons dès le début trois règles générales.
Première règle. — L'*accipiens* qui reçoit une tradition pour autrui ne peut faire moins que s'il

voulait acquérir pour lui-même. Il faut donc une apprehensio corporis jointe à un animus possidendi. Nous en déduirons qu'une personne incapable de volonté ne peut recevoir de tradition pour autrui. Ce principe se trouve clairement établi par les textes ci après cités.

L. 1, § 9, D. liv. XLI, t. 2 : « Ceterum et ille per « quem volumus possidere talis esse debet ut habeat « intellectum possidendi. »

Et même loi § 10 : « Et ideo si furiosum servum « miseris ut possideas nequaquam videris adpre- « hendere possessionem. »

Mais que doit être cet animus possidendi. Ce ne peut être chez l'accipiens la volonté de posséder pour lui-même mais bien la volonté de rendre autrui propriétaire, animus non sibi sed alteri possidendi.

Au sujet de cet animus possidendi qui doit exister chez l'accipiens se présente une question assez intéressante : Primus est créancier de Secundus. Il donne à Tertius mandat de recevoir tradition de Secundus. Secundus effectue la tradition, dans l'intention d'acquérir pour lui-même.

Autre hypothèse. — Le rôle d'accipiens est joué dans une tradition par un esclave qui entend acquérir pour un autre que pour son maître alors que dans la pensée du tradens c'est bien au profit du maître que l'acquisition doit se réaliser. Que décider dans ces deux hypothèses? Dirons-nous que malgré la volonté de l'accipiens la propriété sera acquise dans la première hypothèse à Primus et dans la deuxième au maître de l'esclave? Ou, au contraire, regarderons-nous l'acte comme nul? Ulpien dans la loi 13 D. liv. XXXIX, t. 5 se prononce pour la première opinion.

« Qui mihi donatum volebat, servo communi « meo et Titii rem tradidit, servus vel sic accepit, « quasi socio acquisiturus, vel sic quasi mihi et « socio : quærebatur, quid agere? Et placet, « quamvis servus hac mente acceperit, ut socio « meo, vel mihi et socio acquirat, mihi tamen « acquiri; nam etsi procuratori meo hoc animo rem « tradiderit, ut mihi acquirat, ille quasi sibi acqui- « siturus acceperit, nihil agit in sua persona sed « mihi acquirit. »

Pourquoi cette décision. M. Maynz dans son *Cours de Droit Romain* en donne l'explication suivante :

« La raison de cette règle fondée sur la nature « des choses est que le simple changement d'inten- « tion de celui qui possède pour un autre ne suffi- « sant pas pour faire perdre à ce dernier la posses- « sion, de même l'intention de notre représentant « d'avoir pour lui-même ou pour un autre l'objet « qu'il reçoit en notre nom tant qu'il ne se mani- « feste pas d'une manière extérieure et palpable ne « saurait dénaturer la remise qui se fait par le « *tradens* uniquement dans l'intention de nous « transférer la possession et qui est ainsi acceptée « par notre mandataire. La possession nous sera

« donc acquise conformément à la volonté mani-
« feste des parties agissantes. »

On a souvent opposé à la doctrine d'Ulpien la
loi 37, § 6, D. liv. XLI, t. 1 et la loi 43, § 1, D.
liv. XLVII, t. 2. Ces textes, qui au premier abord
semblent en complet désaccord avec la décision
d'Ulpien, peuvent selon moi assez facilement se
concilier avec elle.

Que lisons-nous en effet dans la loi 37, § 6, D.
liv. XLI, t. 1.

« Si quum mihi donare velles, jusserim te servo
« communi meo et Titii rem tradere, isque hac
« mente acciperet ut rem Titii faceret, nihil agetur;
« nam et si procuratori meo rem tradideris ut
« meam faceres, is hac mente acceperit, ut meam fa-
« ceret, nihil agetur. Quodsi servus communis hac
« mente acceperit ut duorum dominorum faceret, in
« parte alterius domini nihil agetur. » Ce texte n'a
pas le sens absolu qu'on serait tenté de lui prêter.
Rapprochons le en effet de la loi 13, D. liv. XXXIX,
t. 5. Dans cette dernière loi nous trouvons ce membre de phrase : « nihil agit in sua persona sed mihi
acquirit. » Dans le fragment de Julien on nous dit
seulement *nihil agetur*. Pour faire disparaître l'antinomie il suffit d'interpréter le texte de Julien au
moyen du texte d'Ulpien et d'y lire au lieu de
« nihil agetur » « nihil agetur ex mente procura-
« toris. »

Pour concilier la loi 43, § 1, D. liv. XLV, t. 2,
avec la doctrine d'Ulpien je remarquerai simple-

ment qu'il s'agit dans cette loi d'un *falsus procurator* et qu'ainsi le prétendu mandant n'a pas été représenté du tout, que l'hypothèse n'est donc pas la même que dans la loi 13 D. liv. XXXIX, t. 5.

Deuxième règle.—Celui pour lequel il s'agit d'acquérir doit vouloir cette acquisition. Nous en déduirons que si une personne a reçu une tradition en notre nom, la propriété ne nous sera transférée qu'au moment précis où nous connaîtrons la tradition et aurons par conséquent l'*animus possidendi.* C'est ce que les Romains expriment en disant : « *Ignoranti possessio non acquiritur.* »

Troisième règle. — Enfin il doit y avoir rapport de causalité entre l'acte d'appréhension de l'*accipiens* et l'*animus possidendi* de l'acquéreur. Ce rapport existe par suite d'une nécessité juridique toutes les fois que l'*accipiens* est soumis à la personne de l'acquéreur. Mais, comme nous le verrons, il peut aussi être créé au moyen d'une convention librement consentie entre les parties; l'acquisition est faite alors *per liberam* ou *extraneam personam.*

Ces règles générales exposées, passons à l'application. Nous traiterons successivement le cas où l'*accipiens* est une *persona extranea,* c'est-à-dire juridiquement indépendante de l'acquéreur, et le cas où l'*accipiens* est soumis à la puissance dudit acquéreur.

A. L'*accipiens* est une *persona extranea.* Une première question nous arrête. Comment admettre la

possibilité d'une acquisition *per extraneam perso-*
nam, contrairement au principe Romain : « *Nihil*
per extraneam personam nobis acquiritur ? A cela
je répondrai qu'en règle générale on ne peut très-
certainement acquérir aucun droit par les actes
d'un tiers, mais que cette prohition, du moins au
temps des jurisconsultes classiques, ne concernait
que les acquisitions du droit civil et non celles du
droit des gens, parmi lesquelles on doit ranger l'ac-
quisiton de la possession. La possession peut donc
nous être acquise par un tiers juridiquement indépendant de nous. Il en est de même de la propriété
qui s'acquiert par le moyen de la possession, c'est-
à-dire dans notre matière par tradition.

Nous trouvons cette exception à la règle « *nihil*
per extraneam personam nobis acquiritur, » déve-
loppée tout au long dans les *Institutes* de Justinien (lib. II, t. 9, § 5.) Mais quelle est son origine ?
Les *Institutes* nous disent à ce sujet : « Per pro-
« curatorem placet... nobis acquiri possessionem
« secundum Divi Severi constitutionem, et per
« hanc possessionem etiam dominium. » Ulpien,
dans la loi 11, § 6. D. liv. XIII, t. 7, corrobore cette
indication : « Constitutum est ab imperatore nostro
« posse per liberam personam possessionem ad-
« quiri. » De ces textes on serait tenté de conclure
que notre exception date de Sévère. Je lui assigne
cependant une date antérieure. Elle existait en effet
sous Labéon, (l. 51. D. liv. XLI, t. 2), et sous Nératius (l. 41, D., liv. XLI, t. 3.)

La constitution de Sévère et Antonin Caracalla n'a donc aucunement innové. Du reste il n'y a qu'à se reporter à cette constitution pour s'en convaincre (L. 1, C., liv. VII, t. 32.) De la phrase finale de cette consti-ution : « ... tam ratione utilitatis quam « juris pridem receptum est, » on peut hardiment conclure à l'antériorité de notre exception.

Toutes les acquisitions *per extraneam personam* peuvent se ramener à trois hypothèses ;

Première hypothèse. — *L'accipiens, persona extranea*, a reçu de l'acquéreur la mission de lui acquérir la possession. Cette mission, remarquons-le bien, n'a nullement besoin de réunir les conditions voulues pour constituer un acte juridique. Ainsi, un esclave *in libertate* pourrait s'en charger. C'est ce que nous prouvent la loi 31, § 2. D. liv. XLI, t, 3 : « Servus, licet in libertate moretur, nihil pos- « sidet, nec per eum alius : atquin si nomine ali- « cujus, dum in libertate moratur, nactus fuerit « possessionem, acquiret ei, cujus nomine nactus « fuerit. » Et encore la loi 34, § 2. Liv. XLI, t. 2. De même, un pupille peut recevoir une tradition pour un tiers, quoiqu'il ne soit pas capable de contracter.

Nous lisons en effet dans la loi du 32 pr. D. 1. 41, t. 2 : « Quamvis pupillus sine tutoris auctoritate « non obligetur, possessionem tamen per eum « retinemus. » Ce que cette loi nous dit de la continuation de la possession doit évidemment s'entendre de son acquisition.

Nous prendrons comme type de l'*accipiens* recevant une tradition pour un tiers, et par la volonté de ce tiers le *procurator* ou mandataire spécial.

Deuxième hypothèse. — L'*accipiens* a reçu la tradition pour un tiers *sponte sua*. Notre type sera le *negotiorum gestor*.

Troisième hypothèse. — Enfin l'*accipiens* reçoit la tradition en vertu d'un pouvoir légal.

Appliquons ici les règles générales posées en tête de ce paragraphe.

La première règle s'applique à toutes nos hypothèses.

La troisième règle est supposée réalisée.

La deuxième règle seule mérite examen. Cette règle, pour la formuler en un mot, est celle-ci : *ignoranti possessio non acquiritur*, c'est-à-dire, dans notre matière l'acquéreur ne devient propriétaire que par la connaissance de la tradition faite à l'*accipiens* et la volonté d'acquérir la propriété au moyen de cette tradition.

Cette règle reçoit exception dans notre première hypothèse. Le mandataire spécial reçoit la tradition à l'insu du mandant. Celui-ci n'en devient pas moins immédiatement propriétaire et en ce sens on peut dire : *ignoranti possessio acquiritur*. Pour expliquer ce résultat on peut dire que la loi se contente de l'*animus* manifesté à l'avance par le mandataire, ou, si l'on veut, que l'*animus* du mandant est complété sinon remplacé par celui du mandataire. Cette exception admise *ratione utilitatis* date de la même époque que l'acquisition de la possession *per extra-neam personam*. Nératius la constate (l. 13, pr. D. liv. XLI, t. 1). « Si procurator rem mihi emerit ex « mandato meo eique sit tradita meo nomine, do-« minium mihi, id est proprietas, acquiritur etiam « ignoranti, » et Sévère, dans sa constitution plus haut citée la sanctionne.

Dans la deuxième hypothèse notre règle reçoit-elle aussi exception ? En un mot un *negotiorum gestor*, ou, ce qui revient au même, un *procurator omnium bonorum* reçoit une tradition ; à partir de quel moment la propriété est-elle acquise au maître? Quelques jurisconsultes ont assimilés ce cas à notre première hypothèse. Nous trouvons en effet dans Bartole, qui s'occupe, il est vrai, seulement du mandataire général : « Per procuratorem habentem « mandatum speciale vel generale acquiritur pos-« sessio domino etiam ignoranti, si hoc cadebat in « generali mandato : sed si non cadebat vel nul-« lum mandatum habebat ratihabitione adquiri-« tur. » Je ne partage pas cette opinion et croit que le maître ne deviendra propriétaire que par la ratification. C'est ce que prouvent clairement selon moi : Paul in recept. sent. lib. 5. t. II, § 2. « Per « liberas personas, quæ in potestate nostra non « sunt adquiri nobis nihil potest. Sed per procura-« torem adquiri nobis possessionem posse utilitatis « causa receptum est. Absente autem domino com-« parata non aliter ei quam si rata sit quæritur. »

Et la loi 42, § 1, D. liv. XLI, t. 2. « Procurator

« si quidem mandante domino rem emerit, proti-
« nus illi acquirit possessionem ; quod si sua sponte
« emerit, non nisi ratam habuerit dominus emptio-
« nem. » Dans ces textes on oppose en effet le man-
« dataire spécial au *negotiorum gestor* et au *pro-*
curator omnium bonorum.

Notre troisième hypothèse contient une dérogation encore plus plus grave à notre deuxième règle.
L'*accipiens* reçoit-il la tradition en vertu d'un pouvoir légal, est-ce un tuteur qui acquiert pour son
pupille, un administrateur qui acquiert pour sa cité,
l'*animus* de l'*accipiens* remplace complètement et
supplée l'*animus* du véritable acquéreur. Cette dérogation aux principes se trouve constatée : en ce
qui touche les administrateurs de cités par les lois 1,
§ 22 et 2, D. liv. XLI, t. 2, rapprochées de la loi 7,
§ 13, D. liv. X, t. 4, et, en ce qui touche les tuteurs et les curateurs par les lois 13, § 1, D. liv. XLI,
t. 1, et § 20, D. liv XLI, t. 2. Comment expliquer les
décisions de ces textes ? Pour les cités, les *infantes* et
les fous il fallait ou permettre à leur administrateur ou tuteur d'acquérir la possession en leur nom
ou leur retirer la tradition d'entre les modes d'acquérir la propriété. Pour les pupilles *infantia ma-*
jores et les prodigues, la dérogation au droit commun
était moins nécessaire. Elle était commode, et
pour cela fut admise.

Nous venons d'étudier sous toutes ses faces l'acquisition *per extraneam personam*. Une application
intéressante de cette acquisition est le constitut

possessoire. Posons une espèce : Primus est propriétaire d'un objet : il le vend à Secundus. Au lieu
de le lui livrer, il le retient par devers lui, mais à
titre de détenteur précaire. La propriété se trouve
transférée de Primus à Secundus. Ce résultat est
facile à expliquer. Il est en effet permis à Secundus
d'acquérir la possession et par contre la propriété
de l'objet acheté *per extraneam personam, verbi
gratia,* par l'intermédiaire d'un mandataire.

Il donne alors à son vendeur mission de recevoir
la tradition en son nom : Primus réunit dès-lors la
double qualité de *tradens* et d'*accipiens* et se faisant
tradition à lui-même, transporte la propriété de
l'objet à Secundus. (L. 18, D. liv. XLI, t. 2.)

Le constitut possessoire est tantôt exprès, tantôt
tacite. Il est exprès quand un propriétaire déclare
qu'il ne sera plus, à l'avenir, que le gérant de la
possession d'autrui. Il est tacite quand il résulte
forcément de certains actes. Exemple : Un propriétaire vend une chose et la retient à titre de lo-
cation. Il y a *constitut* (L. 77, liv. VI, t. 1). Il en
est de même de la rétention d'usufruit (L. L. 28 et
35, § 5, C., liv. VIII, t. 54). Enfin, dans une société
universelle de tous biens, on considère la tradition
des divers objets comme parfaite dès la conclusion
du contrat. Les lois 1, § 1 et 2 D., liv. XVII, t. 2,
disent en effet : « In societate omnium bonorum
« omnes res quæ coëuntium sunt continuo com-
« municantur quia licet specialiter traditio non
« interveniat, tacita tamen creditur intervenire. »

Ceci ne peut s'expliquer que par un *constitutum.*
B. L'*accipiens* est soumis à la puissance de l'acquéreur.

Nous envisagerons successivement le cas où l'*accipiens* est un esclave, un fils de famille, un homme libre *in mancipio,* une femme *in manu mariti.*

1° L'*accipiens est un esclave.*

L'esclave, nous le savons, acquiert tout pour son maître ; s'il reçoit une tradition, il acquiert donc pour son maître. Dans cette hypothèse, les trois règles générales posées en tête de ce paragraphe s'appliquent sans difficulté. Il est même une condition spéciale exigée chez l'esclave. Pour acquérir par tradition à son maître, il doit être possédé par lui. Tirons-en les conséquences suivantes : Le maître ne peut acquérir si l'esclave qui reçoit la tradition a été donné en gage. La loi 1, § 15, D. liv. XLI, t. 2, dit : « Per servum corporaliter pignori « datum acquirere nos possessionem Julianus ait ; « ad unam enim tantum causam videri eum a de- « bitore possideri, ad usucapionem ; nec creditori, « quia nec stipulatione nec ullo alio modo per « eum acquirat, quamvis eum possideat. »

Même décision si l'esclave vit *in libertate* (L. 31, § 2, D., liv. XLI, t. 3.) Logiquement, quelques jurisconsultes conclurent de même dans l'hypothèse d'un esclave fugitif ; mais leur doctrine, trop contraire aux intérêts du maître, ne prévalut que pour le cas où un tiers se serait emparé du fugitif (L. 1, § 14, D., liv. XLI, t. 2.).

Il est un cas spécial d'acquisition de la possession et par suite de la propriété *per servum* où toutes les conditions que nous venons de rappeler ne sont pas requises. Supposons un esclave gratifié d'une pécule. Cet esclave reçoit une tradition *ex causa peculiari*. Dans ce cas l'*animus possidendi* du maître n'est aucunement exigé. (l. 1. § 5, D. Liv. XLI, t. 2). Il est remplacé par l'*animus* personnel de l'esclave. Nous trouvons cette dérogation aux principes dans la loi 3, § 12, D. Liv. XLI, t. 2. « Ce-« terum animo nostro corpore etiam alieno pos-« sidemus, sicut diximus per colonum et servum. « Nec movere nos debet quod quasdam etiam igno-« rantes possidemus, id est quas servi peculiariter « paraverunt : num videmur eas eorumdem et ani-« mo et corpore possidere. »

Nous en déduirons avec les textes qu'un père de famille fou ou captif, par conséquent dépourvu d'*a-nimus* dans le sens juridique du mot acquiert par son esclave *ex peculiari causa*, l. 44, § 7. D. Liv. XLI, t. 2.) Même décision pour les cités, physique-ment dépourvues d'*animus* et l'*infans* qui n'a pas lui-même constitué le pécule. (l. 1. § 22. D. Liv. XLI, t. 2). Comment expliquer cette dérogation aux principes. Papinien dans la loi 44, § 1. D. Liv. XLI, t. 2, pose la question et la résout en ces termes :

« Quæsitum est cur ex peculii causa per servum « ignorantibus possesio quæreretur. Dixi utilitatis

« causa jure singulari receptum ne cogerentur do-
« mini per momenta species et causas peculiorum
« inquirere... »

La question générale étudiée il se présente un
cas pratique intéressant. Un esclave est commun à
plusieurs maîtres : il reçoit une tradition; *quid*?
En principe il acquiert à chaque maître *pro parte
dominii* (l. 5, D., Liv. XLVIII, t. 3). Par exception
néanmoins il acquiert exclusivement pour l'un de
ses maîtres lorsqu'il traite *nominatim* dans l'intérêt de ce maître ou reçoit une tradition par l'ordre
de ce maître. Si dans ce dernier cas néanmoins il
déclarait expressément vouloir acquérir pour un
maître autre que celui qui lui a donné l'ordre de
recevoir la tradition, sa volonté l'emporterait sur
l'ordre de son maître. C'est ce que décide Justinien
dans la loi 3, C. Liv. IV. t. 27.

Nous avons jusqu'ici supposé que l'esclave reçoit
une tradition pour son *dominus*. Mais notre esclave peut être grevé d'un droit d'usufruit, d'usage
ou être possédé par un tiers de bonne foi. *Quid*?

Il est de règle générale, nous le savons, que, les
acquisitions faites par un esclave grevé d'un droit
d'usufruit appartiennent à l'usufruitier quand elles
proviennent *ex operis servi* ou *ex re fructuarii*. Ces
principes s'appliquent-ils à l'acquisition de la possession et par suite à l'acquisition de la propriété
par tradition? En un mot pour ne parler que de
l'acquisition *ex operis servi*, si l'esclave a loué ses
services à un tiers et qu'ils reçoive cent sesterces

pour prix de son travail, ces cent sesterces seront-
ils pour l'usufruitier? La raison de douter est que
l'usufruitier ne possède pas l'esclave. Aussi Gaius
dans son commentaire, II, § 94, pose la question
sans oser la résoudre :

« De illo quæritur an per eum servum in quo
« usumfructum habemus possidere aliquam rem...
« possimus, qui ipsum non possidemus. »

Ce doute finit par disparaître devant cette considération que le fils de famille qui n'est pas possédé
par son père peut lui acquérir par tradition. Aussi
Paul est-il fort affirmatif dans la loi 1, § 8. D.
Liv. XLI, t. 2.

« Per eum in quo usumfructum habemus possi-
« dere possumus sicut ex operis suis acquirere
« nobis solet; nec ad rem pertinet quod ipsum non
« possidemus; nam nec filium... »

Pour l'usager et le possesseur de bonne foi nous
déciderons de même, avec une restriction toutefois.
Nous savons en effet que l'usager, privé du droit
de louer les services de l'esclave, ne peut acquérir
ex operis serpi (l. 14, pr. D. Liv. VII, t. 8.)

2° *L'accipiens est un fils de famille.*

Il faut distinguer deux époques. Dans la première,
avant l'établissement des pécules *castrense, quasi
castrense et adventitium*, établissement dont nous
avons fait plus haut l'historique, le fils de famille
était en ce qui touche notre matière, assimilable à
l'esclave. Il n'y aurait donc qu'à répéter ici ce que

nous avons dit dans le numéro précédent. Remarquons cependant qu'il ne saurait être question de la condition supplémentaire que nous avons exigée chez l'esclave pour que la tradition à lui faite rende son maître propriétaire. Un père de famille en effet ne possède pas le fils de famille.

Après l'établissement des divers pécules, le fils de famille eut, soit la pleine, soit la nue propriété de tous les biens qu'il ne tenait pas de son père de famille. Nous dirons donc qu'il ne pouvait acquérir pour son père que *ex causa peculiari* et lui appliquerons les règles spéciales que nous avons posées lorsqu'il s'est agi des acquisitions faites par l'esclave *ex causa peculiari*.

3º L'*accipiens* est, soit un homme libre *in mancipio*, soit une femme *in manu mariti*.

A l'égard de ces deux sortes de personnes se posait, et pour les mêmes raisons, la question que nous avons vu résolue quand il s'est agi de l'usufruitier d'un esclave. Gaius nous dit en effet dans son commentaire II, § 90 :

« Per eas vero personas quas in manu mancipiove habemus... an possessio acquiratur quæri solet quia ipsas non possidemus. » Cette question ne reçut point de solution. Il est probable néanmoins que si ces deux sortes de personnes *alieni juris* n'avaient pas disparu d'assez bonne heure du droit Romain ; notre question aurait été résolue par une décision analogue à celle que contient la loi 1, § 8, D. liv. XLI, T, 2.

CHAPITRE IV.

DE LA RES TRADITA.

Nous en sommes arrivés à étudier les caractères que doit réunir la *res tradita* pour que la tradition qui en est faite, soit translative de propriété. Je rappelle d'abord que la tradition est, si je puis m'exprimer ainsi, un mode de transfert de la propriété par le moyen de la possession. Je déduis de cette idée générale deux règles qui domineront toute la matière.

Première règle. — La *res tradita* doit être susceptible de propriété privée.

Deuxième règle. — Elle doit pouvoir être possédée.

Développons chacune de ces règles.

Première règle.

La *res tradita* doit être susceptible de propriété privée. Ne sauraient donc faire l'objet d'une tradition :

1° Les *res divini juris*.

Ces *res divini juris* se subdivisent en *res sacræ* et *res religiosæ*.

Pour savoir ce qu'on entend par *res sacræ* il faut se placer à deux époques. Dans la première époque, époque païenne, les *res sacræ* sont les choses consacrées aux dieux d'en haut par opposition aux dieux d'en bas, les dieux mânes. Gaius nous dit en effet dans son commentaire II, § 4 :

« Sacræ sunt, quæ diis superis consecratæ sunt. » Pour rendre un immeuble sacré il fallait une consécration *per pontifices*. Cette consécration devait être autorisée au préalable par une loi, un sénatus-consulte ou une constitution impériale (Gaius comm. II, § 5, — l. 9, § 1, D. liv. 1, T. 8). Quant aux meubles aucune autorisation n'etait nécessaire.

A partir de l'établissement du christianisme la définifion de Gaius cesse d'être exacte. On appelle *res sacræ* les choses consacrées au Dieu des chrétiens. La consécration se fait par les évêques, sans qu'il soit besoin d'autorisation préalable. (Nov. 67, cap. 1, — nov. 131, cap. 7.)

Il est cependant des cas où l'on peut concevoir l'aliénation d'un meuble sacré. Il en est ainsi lorsque cette aliénation est nécessaire pour payer les dettes de l'établissement propriétaire du meuble, mais dans ce cas l'établissement susdit doit, aliéner le meuble au profit d'autres établissements du même genre, *aliis venerabilibus locis* (nov. 120, cap. 10), Même décision lorsqu'il s'agit de racheter des captifs : « Sacra, nous disent les institutes de Justinien, lib. II, T. 1, § 8,..... per nostram constitutionem alienari et obligari prohibuimus, excepta causa redemptionis captivorum. »

Par *res religiosæ* on entendait sous Gaïus les choses consacrées aux dieux mânes ; les dieux mânes proscrits par le christianisme, on appela *res religiosæ* les sépultures des morts.

2° Les res sanctæ.

On appelait à l'origine *res sanctæ* les murs et les portes des cités ; par extension, on en vint à considérer comme *res sanctæ* toutes les choses qui sont garanties par une peine.

3° Les res communes.

Elles sont énumérées par Justinien, dans ses *Institutes*, lib. 11, tit. 1, § 1 :

« Et quidem naturali jure communia sunt om-
« nium hæc ; aer, aqua profluens et mare et per
« hoc littora maris. »

4° *Les res publicæ,*

Du moins celles qui forment le domaine public du peuple romain, *verbi gratia* les places publiques et les rues des villes, les arsenaux et les forteresses. Il est en effet des *res publicæ*, par exemple, les terres conquises sur l'ennemi qui appartiennent au peuple comme à un particulier, composent son domaine privé et en conséquence sont parfaitement aliénables.

5° Les *res universitatis.*

Il faut ici faire la même distinction qu'entre les *res publicæ*. Parmi les *res universitatis*, celles qui font partie du domaine public des cités, telles que les théâtres, les stades, sont inaliénables, les autres non.

6° Enfin les *hommes libres.*

Deuxième règle:

La *res tradita* doit pouvoir être possédée :
Les jurisconsultes romains tirent de cette notion les conséquences suivantes :

1º La *res tradita* doit être corporelle.

Les Romains ont toujours distingué les choses corporelles et les choses incorporelles. Cette distinction que nous trouvons dans les *Institutes* de Justinien (lib. II, t. 2), existait déjà sous Gaïus *(Comm. II, § 19)*.

On entendait par *res corporales* celles qui tombent sous les sens, et parmi elles on rangeait le droit de propriété. Cette assimilation est assez étrange, la propriété n'est en effet qu'une abstraction de l'esprit : voici comment on a cherché à justifier cette singularité : nos habitudes de langage nous portent à confondre le droit incorporel de propriété avec l'objet corporel sur lequel il frappe. Nous ne disons pas ; j'ai la propriété de telle maison, mais bien j'ai telle maison.

Par choses incorporelles, on entend, nous disent les *Institutes* (liv. II, t. 11, § 2) : « Quæ tangi non « possunt, qualia sunt ea quæ in jure consistunt, « sicut hereditas, ususfructus, usus, obligationes « quoque modo contractæ. »

Cette division en choses corporelles et incorporelles a une grande importance. Les premières peuvent seules être possédées et être en conséquence l'objet d'une tradition. Nous trouvons ce principe formulé dans la Loi 3, *pr.* D. liv. XLI, tit. 2: la Loi 4, § 27, D. liv. XLI, tit. 3 et enfin dans nos *Institutes*, lib. II, tit. 1, § 41 (argument *a contrario*.) « Et ideo, cujuscumque generis sit cor-

« poralis res, tradi potest et a domino tradita alie-
« natur. »

Comment expliquer cette décision? Par une con-
fusion des jurisconsultes. Ils furent dupes de cette
division des choses en *res corporales* et *incorporales*,
division qui aboutit à faire considérer comme corporel le droit de propriété. Appelant *corpus* l'élément physique de toute possession, il leur parut
évident que cet élément ne saurait se réaliser à l'é-
gard des choses qui n'ont pas de *corpus*. D'où notre
règle.

Cette règle reçut cependant une exception considérable. Les servitudes *prediales* en effet étaient
classées parmi les *res incorporales*. Non susceptibles de possession, elles ne pouvaient s'établir par
tradition. Le préteur, vers la fin du premier siècle,
commença à tourner le droit civil sur ce point. Le
droit civil ne reconnaissait pas la *possessio servitutum*; le préteur admit la *servitutum quasi possessio*. S'agit-il de servitudes positives, la *quasi
possessio* résulte des actes faits, des travaux exécutés par moi sur le fonds servant, et cela indépendamment de toute convention, et par cela seul que
je prétends, à tort ou à raison, agir en vertu d'un
droit. S'agit-il de servitudes négatives? La quasi
possession se caractérise par l'abstention même du
propriétaire du fonds asservi, pourvu que cette abstention ne soit pas le résultat spontané et libre de
sa seule volonté, mais puise dans une convention
ou un testament sa raison d'être. Cette *quasi pos-*

sessio des servitudes une fois admise on dut reconnaitre une *quasi traditio servitutum*. Cette quasi tradition *servitutum* était réputée accomplie aussitôt que le propriétaire du fonds dominant commençait à les exercer par la volonté du propriétaire du fonds servant.

Nous dirons de même pour l'usufruit. Ce démembrement de la propriété ne pouvait primitivement se constituer par tradition, puisque le droit civil n'admettait pas la *possessio ususfructus*. Plus tard, sous l'influence du droit prétorien on vit figurer dans la législation romaine la *quasi possessio ususfructus*. D'où il s'ensuivit que l'usufruit put se constituer par quasi tradition.

Cette quasi tradition des servitudes et du droit d'usufruit existait certainement encore au temps de Justinien. Mais, peut-on dire, elle avait perdu de son application. Nous lisons en effet, dans les *Institutes* de Justinien (liv. II, t. 3, § 4) ; « Si quis velit « vicino aliquod jus constituere, pactionibus atque « stipulationibus id efficere debet. » Voici, d'après Théophile, en quoi consiste le procédé indiqué par les *Institutes*. Vous voulez me donner soit l'usufruit de votre fonds, soit le droit d'y passer, une servitude *itineris*, je suppose. Par un pacte, simple convention sans caractère obligatoire, nous réglons la nature, l'étendue et les diverses conditions d'exercice du droit. Puis, je stipule de vous une certaine somme à titre de peine. Vous voilà donc tenu, et si vous voulez manquer à l'observation du pacte, je

vous actionnerai *ex stipulatu* pour obtenir la *pœna*.
Bien plus, décident les *Institutes*, ces pactes et stipulation ont engendré à mon profit un droit de
servitude : point n'est besoin de quasi tradition soit
de la servitude, soit du droit d'usufruit.

La portée que l'on serait tenté de donner au § 4,
lib. II, t. 3 des *Institutes* de Justinien me semble
exagérée. Je crois que même sous Justinien et dans
l'espèce posée par Théophile, le droit réel de servitude avait besoin pour naître de quelque chose de
plus que les pacte et stipulation : il fallait en outre
une quasi tradition de la servitude.

La preuve de ce que j'avance ressort clairement
selon moi d'un fragment de Paul (1, 136, § 1. D.
liv. XLV, t. 1). Dans ce fragment, le jurisconsulte
oppose très-nettement la servitude stipulée et la servitude constituée, et déclare que dans le premier
cas, le stipulant venant à aliéner son fonds la stipulation s'évanouit. N'est-ce pas dire expressément que la stipulation d'un droit de servitude ne
saurait créer le droit réel de servitude ? Or, n'est-il
pas vrai de prétendre que si des pactes suivis d'une
stipulation pénale avaient pour effet de créer la servitude, le même effet devrait à *fortiori* être attaché
à la stipulation, qui, au lieu d'une peine, aurait
pour objet direct la servitude elle-même.

Mais comment expliquer le § 4 de nos *Institutes*
(lib. II, t, 3).

Dans le droit classique, le procédé indiqué par
Théophile s'employait dans tous les cas où, pour

une raison quelconque, le droit que les parties se proposaient de créer ne pouvait pas être établi comme droit réel, mais où rien n'empêchait qu'il ne fut l'objet d'une obligation. Gaius, notamment (C. II, § 31) après avoir indiqué les deux modes de constituer les servitudes sur les fonds Italiques, savoir la *mancipatio* et l'*in jure cessio* constatait que le droit de servitude ne pouvait aucunement s'établir sur les fonds provinciaux, et conseillait les pactes et les stipulations comme un biais pour se procurer un équivalant de ces droits. Que fait Justinien. Il copie ce passage de Gaius : Mais Gaius indique pour les fonds Italiques la mancipation et l'*in jure cessio*; pour les fonds provinciaux, les pactes et stipulations. Or, il n'y a plus ni *mancipatio* ni *in jure cessio*. D'autre part, le sol provincial est assimilé au sol Italique. Justinien mentionne donc purement et simplement les pactes et stipulations : et il l'a fait, nous dit M. Accarias (*Précis de droit Romain*, t. 1, p. 636) : « Préoccupé de cette seule idée que c'était là un procédé non abrogé et applicable partout, mais ne songeant pas plus à leur attribuer l'effet de la quasi tradition qu'à prévenir la fausse interprétation que devait nécessairement provoquer cette reproduction mutilée de Gaius. »

2° Si la *res tradita* est une partie d'un tout, il faut qu'elle puisse seule former un tout indépendant;

3° Lorsque la division du tout n'est pas réelle mais abstraite, la tradition d'une partie ne peut se concevoir que si le rapport arithmétique de cette partie au tout est connu de *l'accipiens*.

Ces deux dernières déductions, basées sur la nécessité d'un *animus possidendi* chez l'acquéreur ressortent nettement des passages ci-après cités : l. 26. D. liv. XLI, t. 2 : « Locus certus ex fundo et possi- « deri et per longam possessionem capi potest : « et certa pars pro indiviso, quæ introducitur vel ex « emptione, vel ex donatione vel qualibet alia ex « causa. Incerta autem pars nec tradi nec usu- « capi potest veluti si ita tibi tradam, Quidquid « mei juris in eo fundo est : nam qui ignorat nec « tradere nec accipere id quod incertum est potest.» L. 3, § 2. D. *hoc titulo* : « Incertam partem rei « nemo possidere potest ; veluti si hac mente sit, « ut quidquid Titius possidet, tu quoque velis « possidere. »°

4° En dehors de ces deux derniers cas il est impossible d'acquérir par tradition la propriété d'une partie seulement. Tantôt il y aura impossibilité physique. On ne peut en effet acquérir par tradition la propriété d'une poutre comprise dans un mur, aussi longtemps qu'elle fait partie de ce mur. Tantôt il y aura impossibilité juridique. Ainsi veut-on faire tradition d'un sol sans y comprendre le bâtiment y construit; il y aura impossibilité juridique. C'est ce que nous apprend la loi 44, § 1, D. liv. XLIV, t. 7.

« ...Sic et in tradendo si quis dixerit se solum « sine superficie tradere, nihil proficit quo minus

« et superficies transeat quæ natura solo cohæret. »

Supposons pour un moment la *res tradita* satis-
faisant à nos deux règles, c'est-à-dire susceptible
de propriété privée et susceptible d'être possédée,
dirons-nous alors que cette chose est aliénable par
tradition ?

Non, du moins à l'époque classique. La *res tradita*
devait pour être aliénable par tradition, rentrer dans
la classe des *res nec mancipi*.

Cette classification des choses en *res mancipi* et
res nec mancipi, probablement aussi ancienne que
Rome, est artificielle. Les *res mancipi*, d'après les
jurisconsultes (Ulpien, Règles XIX, § 1. Gaius,
comm. II, §§ 15 et 16) sont : 1º Les immeubles soit
ruraux, soit urbains situés en Italie ; 2º les servitudes rurales en Italie ; 3º les bêtes de somme et de
trait *quæ dorso collove domantur, verbi gratia* les
bœufs, mulets..... ; 4º les esclaves. Toutes autres
choses étaient *nec mancipi*.

Cette division était importante au point de vue
du transport du *dominium*. Les *res mancipi* n'é-
taient en effet aliénables que par des modes du
droit civil. La tradition d'une *res mancipi* ne pouvait donc transférer à l'*accipiens* le véritable *dominium*. Etait-elle néanmoins sans effet ?

Grâce à la protection du préteur, la tradition
d'une *res mancipi* transférait à l'*accipiens* (Gaius,
comm. II, § 41 et Ulpien I, § 16, en font foi) une
propriété d'un genre imparfait, appelée domaine
prétorien, ou domaine *in bonis*. Cette propriété ne

différait guère du véritable *dominium ex jure Qui-ritium* que par des points de détail et y conduisait toujours. Pour signaler quelques différences entre ces deux propriétés je remarque que le propriétaire bonitaire ne pouvait léguer *per vindicationem* la *res mancipi* qu'il avait acquise par tradition ; s'il s'a-gissait d'un esclave, qu'il ne pouvait en l'affranchis-sant le rendre citoyen romain ; si cet esclave affranchi était impubère, qu'il n'était pas appelé à la tutelle légitime.

La division des choses en *res mancipi* et *res nec mancipi* fut supprimée par Justinien (L. unic. C. liv. VII, t. 25). Dès lors une chose *mancipi* put être aliénée par tradition.

Enfin il est des cas où une chose, bien que réunis-sant toutes les conditions exigées pour être aliéna-ble par tradition, ne saurait devenir la propriété de telle personne déterminée.

Exemple. Un gouverneur de province et certains personnages qui exercent dans une province des fonctions civiles ou militaires ne peuvent se rendre acquéreurs de fonds situés dans cette province. Nous trouvons ce principe formulé dans la loi 62 pr. D. liv. XVIII, t. 1 :

« Qui officii causa in provincia agit vel militat, « prædia comparare in eadem provincia non potest « præterquam si paterna ejus a fisco distrahantur. »

Un administrateur ne peut se rendre acquéreur des biens de son administré.

La loi 34, § 7, D. liv. XVIII, t. Ier nous dit en effet :

« Tutor rem pupilli emere non potest : idemque
« porrigendum est ad similia, id est ad curatores,
« procuratores, et qui negotia aliena gerunt. »

Enfin un juif ou un hérétique ne peut se rendre acquéreur d'un esclave chrétien.

Cette dernière prohibition ressort clairement de deux textes, la loi 1, C. liv. 1, t. 10, et la loi 2, C. *hoc titulo.*

CHAPITRE V.

DE LA TRADITION DE LA CHOSE VENDUE ET DE LA TRADITION . INCERTÆ PERSONÆ.

§ 1er

De la tradition de la chose vendue.

Primus vend à Secundus l'esclave Davus. Le prix est de mille sesterces. Primus effectue la tradition de l'esclave. Secundus devient-il propriétaire ?

Si nous ne consultions que les règles générales de la matière, nous répondrions sans hésiter par l'affirmative. Il y a eu en effet réalisation du *corpus*, élément matériel de toute tradition. Et à première vue il semble que l'élément intellectuel se soit ainsi réalisé. De plus le *tradens*, l'*accipiens* et la *res tradita* réunissent toutes les conditions voulues pour que notre tradition soit translative de propriété.

Néanmoins avec les textes nous déciderons dans notre hypothèse que la propriété de Davus n'est pas immédiatement transférée à Secundus. Que faut-il donc pour que le transport de propriété ait lieu? Le paiement du prix. Nous lisons en effet dans les Institutes de Justinien, lib. II, t. 1, § 41 : « venditæ vero res et traditæ non aliter emptori « acquiruntur, quam si is venditori pretium sol- « verit. »

La règle est donc certaine et indiscutable. Quelle origine lui assigner ?

D'après Justinien (lib. II, t. 1, § 41) elle remonte- rait à la loi des Douze Tables. « Quod cavetur etiam « lege duodecim tabularum. » Quelques auteurs ont prétendu que la disposition de la loi des Douze Tables, à laquelle se réfèrent les Institutes, avait en vue la mancipation. Telle n'est pas mon opi- nion : de deux choses l'une en effet : ou bien la mancipation pour être translative de propriété doit être suivie d'un paiement réel ; mais alors la mancipation n'a donc pas toujours été une vente imaginaire? Une pareille conjecture est sans fon- dement sérieux. Ou bien la loi des Douze Tables prétend exiger la remise réelle du lingot de cuivre destiné à représenter le prix : ceci est encore moins admissible. La remise du lingot de cuivre est une des formalités essentielles de la mancipation. On arrive donc à cette formule bien naïve : la manci- pation ne transfère la propriété que si elle réunit les caractères d'une véritable mancipation. Donc selon moi, l'origine indiquée par Justinien est par- faitement exacte, et notre règle remonte aux Douze Tables.

Une autre question se pose ici tout naturellement. Pour quelle raison cette règle exorbitante du droit commun a-t-elle été admise ?

Nous avons vu au début de notre étude, dans les généralités, que la tradition à la différence des *actus legitimi*, n'excluait en aucune façon l'apposition d'une condition suspensive. La loi 38, § 1, D. Liv. XLI, t. 2, nous le prouve :

« … Hoc amplius existimandum est, possessio-
« nes sub conditióne tradi posse, sicut res sub con-
« ditione traduntur nec aliter accipientis fiunt
« quam conditio exstiterit. »

La condition, la plupart du temps, est expressément stipulée par les parties. Ici la loi supplée à la la volonté des parties et déclare que la propriété de l'objet vendu est transférée à l'*accipiens* sous cette condition suspensive : si le prix est payé. Cette interprétation de volonté faite par la loi est fort équitable. En effet, que veut le vendeur? La vente est un contrat commutatif : le vendeur s'engage à transférer ses droits sur la chose, mais en échange d'un prix. Il entend, suivant l'expression de M. Accarias, ne pas perdre. Cela est si vrai qu'il peut retenir sa chose jusqu'à parfait paiement du prix :

« Offerri, nous dit en effet la loi 13, § 8, D. liv.
« XIX, t. 1, pretium ab emptore debet, quum ex
« empto agitur, et ideo et si pretii partem offerat,
« nondum est ex empto actio ; venditor enim quasi
« pignus retinere potest eam rem quam vendidit.»

Dès lors, il est naturel de supposer que le vendeur, en cas de dessaisissement anticipé de sa chose, a l'intention néanmoins de rester propriétaire tant qu'il restera créancier et de ne pas s'exposer en dépouillant sa qualité de propriétaire aux risques de l'insolvabilité du débiteur.

Le motif de la règle nous permet facilement d'établir les exceptions. La loi n'a créé la règle que par une interprétation de volonté. Une volonté contraire doit la faire fléchir. Cette volonté contraire se manifeste dans deux cas:

1º Le vendeur se fait donner des sûretés personnelles ou réelles dont il ne jouit pas en sa simple qualité de créancier. Comme sûretés réelles, nous citerons une hypothèque, un gage. Comme sûretés personnelles un fidéjusseur ou un *expromissor*. La loi 53, D. liv. XVIII, t. 1, nous donne ces exemples: « Ut res emptoris fiat, nihil interest utrum solu- « tum sit pretium, an eo nomine fidejussor datus « sit. Quod autem de fidejussore diximus, plenius « acceptum est qualibet ratione si venditori de pre- « tio satisfactum est, veluti expromissore, aut « pignore dato, proinde sit ac si pretium solutum « esset. »

2º Le vendeur consent à n'avoir d'autre garantie que l'action personnelle née de son contrat. Ce consentement peut être soit exprès, soit tacite, et dans ce dernier cas résulte de la simple concession d'un terme pour le paiement du prix. Nous trouvons, en effet, dans la loi 3, C. liv. IV, t. 54:

« Qui ea lege prædium vendidit, ut nisi reliquum « pretium intra certum tempus restitutum esset,

« ad se reverteretur, si non precariam possessio-
« nem tradidit, rei vindicationem non habet, sed
« actionem ex vendito. »

§ 2.

De la tradition incertæ personæ.

Première hypothèse.— Primus lance des pièces
de monnaie au milieu d'une foule. Secundus les ramasse.

Deuxième hypothèse. — Le même Primus fait
abandon pur et simple d'une chose lui appartenant
et qui lui est devenue inutile ou incommode.

Secundus la trouve et l'appréhende.

Telles sont les deux espèces que pose Justinien
dans ses Institutes (lib. II, t. 1, §§ 46 et 47.)

Dans les deux cas, Secundus devient propriétaire.

Comment s'opère ce transport de propriété? telle
est la question qu'il nous faut résoudre.

Dans la première hypothèse, nul doute selon
moi. Nous sommes en présence d'une véritable tradition dont nous pouvons facilement retrouver les
éléments constitutifs. Il y a, en effet, réalisation du
corpus et *justa causa traditionis.* Que se propose, en
effet, Secundus? D'acquérir la propriété des pièces
de monnaie. Et Primus? De transférer la propriéte
des mêmes pièces de monnaie ; à qui? Le hasard en
décidera. Il est si vrai que Primus entend faire don

de ces pièces *incertæ personæ*, mais à quelqu'un, qu'il ne les jette pas dans un endroit désert, mais au milieu d'une foule où il ne manquera pas de mains pour les saisir. Quel peut être son but? Peut être acquérir de la popularité. Il se fait entre Primus et la foule une sorte de contrat; l'une se vend, l'autre achète. Il y a donc bien tradition.

Cette tradition présente deux particularités assez remarquables.

A. Dans l'intervalle plus ou moins court qui s'écoule entre le moment où Primus lance ses pièces de monnaie et le moment où Secundus les ramasse, les pièces restent sans possesseur.

B. Tandis que d'ordinaire dans une tradition le *tradens* et l'*accipiens* jouent simultanément leur rôle, ici Primus et Secundus le joueront l'un après l'autre.

Dans la deuxième hypothèse, que déciderons-nous? Dirons-nous: il y a tradition *incertæ personæ*, ou bien, au contraire, il y a eu de la part de Primus simple *derelictio* de sa chose: cette chose est devenue *res nullius* et Secundus en est devenu propriétaire comme de toute *res nullius* par l'occupation?

Je remarque d'abord que la question ainsi posée n'est qu'une dépendance, un corollaire de la question suivante: à partir de quel moment Primus a-t-il cessé d'être propriétaire de la *res derelicta*?

Est-ce seulement à partir de l'apprehensio par Secundus? Dans ce cas, rien ne nous empêchera de voir dans notre deuxième hypothèse une tradition *incertæ personæ*.

Est-ce, au contraire, dès la *derelictio* par Primus? La *res derelicta* reste alors pendant un certain temps sans propriétaire, devient *res nullius* et *Secundus* l'acquiert par l'occupation.

Les jurisconsultes romains étaient divisés sur ce point. Les Sabiniens prétendaient que dès la *derelictio* Primus avait cessé d'être propriétaire. Les Proculéiens voulaient, pour priver Primus de sa propriété, qu'il y eut appréhension par Secundus. La loi 2, D. Liv. XLI, T. 7 nous dit en effet : pr. « Pro derelicto rem a domino habitam, si sciamus possumus acquirere. »

§ 1. « Sed Proculus non desinere eam rem do- « mini esse nisi ab alio possessa fuerit ; Julianus, « desinere quidem omittentis esse, non fieri autem « alterius, nisi possessa fuerit ; et recte. »

Justinien sanctionna l'opinion Sabinienne. Nous en trouvons la preuve dans les *institutes* lib. II, T. 1, § 47. « Pro derelicto autem habetur quod « dominus ea mente abjecerit, ut id rerum sua- « rum esse nollet, ideoque statim dominus esse « desinit. »

Pour Justinien donc, Primus cesse d'être propriétaire dès la *derelictio*. Nous pourrions donc, ce semble, dès à présent en conclure que d'après Justinien dans l'hypothèse que nous examinons, l'acquisition par Secundus de la *res derelicta* a lieu par occupation et non par tradition.

Cette déduction a été cependant contestée. On a prétendu que Justinien avait expressément entendu rattacher l'acquisition de la *res derelicta* à la tradition *incertæ personæ*. Les mots *qua ratione* qui lient entre eux le § 46 inst. lib. II, T. I au § 47 en sont la preuve.

Je répondrai à cet argument : S'il est vrai que les mots *qua ratione* du § 47 peuvent induire en erreur sur la pensée de Justinien, il n'en est pas moins certain que le texte lui-même devrait suffire pour rétablir cette pensée sous son jour véritable. En effet, dans notre paragraphe, Justinien suppose en termes formels que Secundus acquiert la *res derelicta* par occupation.

« Qua ratione, dit-il, verius esse videtur si rem « pro derelicto a domino habitam occupaverit quis, « statim eum dominum effici. »

De plus, rapprochons notre § 47 du § 48. Dans le § 48, Justinien met en garde contre une méprise que l'on pourrait commettre. Il n'est permis à personne, décide-t-il, de s'approprier les objets jetés à la mer par des marins pour alléger leur navire. Pourquoi cette précaution de Justinien ? Pourrait-on s'imaginer que les marins ont entendu faire une tradition *incertæ personæ* ? Certes non, mais on pourrait être tenté d'assimiler les objets jetés à la mer à des *res nullius* et c'est ce que l'empereur ne veut pas.

Donc, selon moi, Justinien rattache expressé-

ment l'acquisition des *res derelictæ* non à la tradition, mais à l'occupation.

Quel est le mérite de cette décision? Je la crois en
complète harmonie avec la nature des choses. Que
veut en effet le *derelinquens*? Est-ce transférer la
propriété de la *res derelicta*? Certes non. Il veut
seulement se débarrasser d'une chose qui lui est
inutile ou le gêne. Il ne saurait y avoir là les éléments d'une tradition.

APPENDICE

DE LA TRADITION CONSIDÉRÉE COMME MODE

TRANSLATIF DE LA PROPRIÉTÉ.

DANS L'ANCIEN DROIT FRANÇAIS.

Nous connaissons le principe romain sur le transport de la propriété entre vifs : « Non sola stipulatione dominia acquiruntur sed et traditione. » De cette idée générale se dégagent les deux corollaires suivants ;

1er Corollaire. La tradition est toujours nécessaire pour transférer la propriété,

2e Corrolaire. la tradition est seule nécessaire.

Ces deux règles étaient admises dans notre droit coutumier. Pour les aliénations des meubles, elles restèrent toujours pures et entières. Quant aux immeubles, elles reçurent des altérations, des exceptions. Du pervertissement de la première règle devaient plus tard sortir les articles 711, 1138 et 1583 du Code civil. Les exceptions à la seconde contenaient en germe la loi du 11 Brumaire an VII, et la loi aujourd'hui en vigueur du 23 mars 1855.

Mon but, dans ce court appendice, n'est pas de traiter à nouveau le mécanisme de la tradition ; je ne pourrais le faire sans m'exposer à des redites presque continuelles.

Voici donc quel sera le plan de mon étude :

J'esquisserai à grands traits l'historique de notre matière, puis jetterai un coup d'œil rapide sur le droit commun de la France et les coutumes d'exception avant 1789.

§ 1er.

HISTORIQUE.

Province romaine, la Gaule est soumise aux lois romaines. La tradition y est, comme à Rome, le mode le plus habituel de transférer la propriété entre-vifs.

Viennent les invasions barbares. Guerriers et nomades, les Germains se préoccupent peu de la propriété immobilière. Entrés en Gaule, ils deviennent sédentaires et chrétiens. Sédentaires, ils ne font plus fi de la propriété du sol. Chrétiens, ils adoptent les idées romaines. Leurs lois, pour la plupart rédigées après l'invasion, maintiennent la nécessité de la tradition. Les formules du temps nous ont conservé la pantomime du gazon livré à l'acheteur de la terre, de la branche d'arbre, du bâton, du couteau, du glaive remis entre ses mains en présence des Rachimbourgs. Le gazon est la symbole de la terre ; la branche d'arbre, le signe des produits du sol ; le bâton, le couteau, le glaive, l'indice du commandement, de la maîtrise.

Le droit romain et le droit germanique se sont donc rencontrés dans la même exigence : la nécessité de la tradition pour opérer le transport de la propriété .

Le vaste empire de Charlemagne tombe ; sur ses ruines s'élève la féodalité et avec elle un nouvel état de choses. La propriété immobilière est reconstituée sur de nouvelles bases. Aux deux classes de personnes : nobles et roturiers d'une part, francs alloëtiers d'autre part, correspondent deux classes de terres ; fiefs et censives d'une part, alleux de l'autre. La propriété immobilière se transforme ; les modes de transport de la propriété doivent fatalement subir le contre coup de ce changement. Pour les alleux rien n'est innové ; ils sont en dehors des rapports seigneuriaux ; ils restent aliénables par simple tradition. Pour les fiefs et censives il n'en est pas de même ; tenures féodales, ils suivent les lois de la féodalité et la féodalité exige pour leur aliénation diverses formalités appelées : ici vest et devest ; là déshéritement et adhéritance ; ailleurs enfin, ensaisinement et nantissement.

« En vente d'héritage, nous dit Jean Desmares (décisions 180) il faut vest et devest. »

D'où viennent ces exigences de la féodalité ? Quel en est le fondement ou plus exactement le prétexte ? Merlin nous l'apprend (*Répert. de jurisp.*, v° nantissement.)

« Les seigneurs étaient autrefois propriétaires de
« tous les héritages situés sur leurs territoires res-
« pectifs ; dans la suite, ils en ont inféodé ou accensé
« une partie à leurs vassaux, mais le domaine di-
« rect de ces fonds demeurant toujours dans leurs
« mains, ceux-ci n'ont jamais pu et ne peuvent pas
« encore se dire propriétaires dans toute l'étendue
« de ce mot ; par conséquent, il ne peut pas être en
« leur pouvoir de transférer leurs droits à des tiers
« sans l'intervention du seigneur et les donations,
« ventes ou constitutions d'hypothèques qu'ils en
« font ne sont pour ainsi dire que des procurations
« *ad resignandum* ; semblables à des bénéficiers
« qui ne peuvent pas transporter directement leurs
« prébendes à ceux qu'ils jugent à propos, mais
« seulement les remettre aux collateurs, pour par
« eux les conférer aux personnes qui leur sont in-
« diquées par les actes de résignation. »

Le vassal qui voulait transporter la propriété de sa tenure à autrui devait donc se dessaisir entre les mains de son seigneur ; le seigneur ensaisinait alors l'acquéreur.

Pénétrée du symbolisme germanique, la féodalité assigna au vest et au devest des formes solennelles et symboliques. L'ancien coutumier d'Artois nous donne une peinture saisissante et officielle des devoirs de loi. Le juge est assis sur un siége doré ; il tient d'un bout un bâton, que lui a remis l'aliénateur : l'acquéreur, à genoux devant lui, prend l'autre extrémité du bâton. Derrière l'acquéreur et devant le juge se trouvent les hommes ou jugeurs, au nombre de quatre.

L'accomplissement des devoirs de lois était constatée sur un registre spécial. Nous lisons en effet dans Dumoulin (sur Paris, tit. 1, § 1, glos. 1, n° 30) :

« Et solebant olim hujusmodi investituræ pu-
« blice fieri vel apud acta in prætorio judicis, si
« dominus habebat jurisdictionem contentiosam,
« vel in loco dominanti ubi præsentibus ministris
« et testibus in libro vel cartophylacio ad hoc des-
« tinato conscribebantur investituræ, et sic inerat
« quædam solemnis publicatio, ut etiam satis in-
« dicat disputatio Statuum super § 183 in processu
« verbali, qua publicatione cessante non videba-
« tur res in aliam manum translata..... »

Brillon (*Dictionnaire des arrêts*, V° *Ensaisine-
ment*), ajoute que ce registre devait être communiqué à tout le monde : « Les ensaisinements doivent
« être écrits en un registre en bonne forme : le re-
« gistre doit être communiqué indifféremment à
« tout le monde. »

En résumé, le droit féodal exigeait : pour les aliénations d'alleux, la tradition ordinaire ; pour les aliénations de fiefs ou censives, l'accomplissement des devoirs de loi.

La féodalité commence à décliner : les légistes veulent faire prédominer le droit romain et abattre le droit féodal.

Dans la plupart des coutumes on supprime les formalités gênantes du vest et du devest. On en revient à la tradition comme mode translatif de propriété. « Ne prend saisine qui ne veut, s'écrie « la coutume de Paris (art. 82), mais si on prend « saisine sera payé douze deniers parisis pour la « saisine. »

Des anciens devoirs de lois restent seulement quelques vestiges : l'obligation de prendre saisine pour faire courir l'année du retrait lignager « Le « temps du retrait lignager ne court sinon depuis la « saisine prise par l'acheteur (art. 130, Coutume de « Paris) » et la clause de essaisine saisine.

Dans certaines provinces, au contraire, appelées pays de nantissement, et situées dans le nord de la France, les formalités des devoirs de loi se conservèrent scrupuleusement. Il se produisit même un fait à noter : dans quelques coutumes, les alleux furent soumis aux devoirs de loi.

La coutume de Hainaut (chap. CVI, art. 2) contenait à cet égard une disposition formelle :

« Au regard des vendages d'alloëts, reprinses « lignagères, aliénations ou dispositions, nouvelles

« charges et retraits d'iceux, faute de paiement de
« rente, il en sera fait comme dit est pour fief. »

L'alleu ne dépendait d'aucun suzerain : l'aliénation ne pouvait pas se faire devant le seigneur; elle
se faisait devant deux francs alloëtiers, et on en
tenait registre au greffe de la justice de laquelle
relevait l'alleu aliéné.

Pourquoi cette disposition de la coutume de Hainaut? Les devoirs de loi donnaient une certaine
publicité aux mutations de la propriété immobilière : peut-être trouva-t-on cette publicité utile et
voulut-on l'étendre aux alleux? Peut-être voulut-
on seulement simplifier la loi et ainsi l'améliorer?

Cette disposition de la coutume de Hainaut fut
généralisée et étendue à toutes les Flandres, notamment par deux placards, l'un de Charles-Quint, du
10 février 1538, l'autre de Philippe II, du 6 dé-
cembre 1586. Quel fut le but des empereurs? Ils
eurent certainement en vue les bienfaits de la publicité; ils déclarent en effet qu'ils désirent, par
cette extension des devoirs de loi, empêcher les
fraudes et les stellionats. Enfin, l'édit perpétuel
publié en 1611 par les archiducs, gouverneurs des
Pays-Bas pour l'Espagne, consacre en ces termes
les dispositions des placards de Charles-Quint et
Philippe II : « Art. 24. Combien que nul droit réel
« es biens immeubles soit en tout par vente ou do-
« nation ou en partie par hypothèque ne se peut
« acquérir sinon par les œuvres de loi à ce sta-
« tuées par les placards des princes nos prédéces-

« seurs ou par les coutumes des lieux décrétées ou
« à décréter, toutes fois n'entendons déroger au
« bénéfice de l'hypothèque légale (*Du Fisc*). »

§ 2.

DROIT COMMUN DE LA FRANCE.

Le droit coutumier suit en général la maxime
romaine : « non sola stipulatione dominia acqui-
« runtur sed et traditione. » La tradition y est donc
le mode habituel et nécessaire du transfert de la
propriété. Il semble donc que, sur la matière qui
nous occupe, le droit coutumier s'est exactement
calqué sur le droit romain. Cependant une telle
déduction, du moins en ce qui touche le transfert
de la propriété immobilière, serait tout à fait
inexacte. Le principe est bien le même qu'à Rome,
mais sous l'influence de la doctrine et des traditions symboliques et feintes admises par elle, en
est arrivé à n'être plus qu'une vaine formule et
l'image d'un passé disparu.

Voyons en effet la théorie coutumière sur la tradition : Pothier (traité de la propriété, chapitre 2)
distingue soigneusement trois espèces de traditions,
la tradition réelle, la tradition symbolique et la
tradition feinte.

La tradition réelle est celle qui se fait par une
préhension corporelle de la chose ; pour un meuble,

le *tradens* doit le remettre entre les mains de l'*accipiens*; pour un immeuble il suffit que l'aliénateur permette à l'acquéreur de s'y transporter.

La tradition symbolique (je cite Pothier) est celle par laquelle on remet entre les mains de la personne à qui on entend faire la tradition d'une chose, non la chose elle-même mais quelque chose qui la représente.

Le savant auteur cité comme exemples de traditions symboliques l'hypothèse de la loi 1, C, liv. VIII, t. 54 et l'espèce de la loi 9, §6, D. liv. XLI, t. 1. Et logiquement dans ce deuxième exemple, il décide contrairement à l'opinion de Papinien, que la tradition des clefs n'a pas besoin d'être opérée en vue du magasin : « Dans notre droit je pense qu'en « quelque lieu que les clefs aient été remises, « pourvu que celui à qui elles sont remises sache où « est le magasin la tradition des marchandises qui « y sont doit être censé faite. »

La tradition feinte est celle qui résulte de diverses clauses apposées aux contrats de vente ou donation, par exemple les clauses de constitut, de précaire, de rétention d'usufruit et de dessaisine saisine.

Les clauses de constitut, de précaire et de rétention d'usufruit nous sont connues et nous avons dans notre étude sur la tradition en droit romain démontré que loin d'être une fiction, ces clauses renfermaient une véritable tradition *ex justa causa*. Parmi les jurisconsultes des pays de coutume, Ricard

(Traité des donations) avait pressenti cette vérité :

« Et de fait, nous dit-il, en considérant cette
« espèce de tradition dans la subtilité du droit qui
« en fait en cette occasion la raison et le fondement,
« encore qu'on l'appelle communément tradition
« feinte, il faut avouer que c'est improprement et
« faute de bien entendre cette matière. La voye à la
« vérité avec laquelle se fait cette tradition, est feinte
« en tant qu'elle est opposée à la tradition par voye
« réelle et à cet ancien usage de prendre possession
« par l'appréhension d'un gazon ou d'un rameau
« d'arbre, mais l'effet en est réel en tant que le do-
« nataire devient le véritable possesseur et que le
« donateur ne possède plus que comme un étran-
« ger un fermier. » Mais entraîné par la doctrine
générale Ricard retombe immédiatement dans l'erreur commune et on le voit distinguer toutes les
traditions en deux classes et comprendre dans la
première « toutes les traditions par voyes feintes
« qui se font tacitement ou indirectement, comme
« la rétention d'usufruit, le constitut et le précaire,
« par le moyen desquels le donateur ne transfère
« pas directement la possession mais par voye obli-
« que, en ce que retenant un droit incompatible
« avec la véritable propriété il est censé avoir fait
« tradition... » et dans le deuxième « la tradition
« qui se fait par une voye réelle et directe en met-
« tant directement le donataire en possession de
« la chose donnée par une appréhension de fait. »

La clause de dessaisine saisine est un vestige des

anciens devoirs de loi. Sous la féodalité, nous l'avons
vu, l'aliénateur devait se dévêtir de la propriété
entre les mains du seigneur qui revêtait l'acquéreur.
Les formalités du vest et du devest tombèrent en
désuétude. Il fut reçu que l'aliénateur pourrait en-
saisiner lui-même l'acquéreur. Les jurisconsultes
français accordèrent à l'ensaisinement par le vendeur la force translative qu'avait autrefois l'ensaisinement par le seigneur et donnèrent à la clause
de dessaisine saisine un effet de tradition feinte.

Ils acceptèrent d'autant plus facilement cette
innovation, qu'ils ne voyaient dans les clauses de
constitut, de précaire et de rétention d'usufruit que
des traditions pour ainsi dire consensuelles et
que sous ce rapport la clause de dessaisine saisine
leur parut devoir avoir autant de vertu que le
constitut par exemple. Aussi lisons-nous dans
Pothier que d'après l'art. 278 de la coutume d'Orléans « Dessaisines et saisines faites par devant
notaire de cour laie de la chose aliénée valent et
équipollent à tradition de fait et possession prinse
de la chose, sans qu'il soit requis autre appréhension. »

La clause de dessaisine saisine fut soigneusement
réglementée. Pour qu'elle eut effet de tradition
feinte, trois conditions furent exigées :

1° Qu'elle fut interposée par un acte reçu devant
notaires.

2° Que le vendeur eut lors de l'acte la possession
réelle de la chose vendue.

« Car, nous dit Pothier, la fiction imite la vérité.
« De mêmequ'il n'est pas possible que quelqu'un se
« dessaisisse réellement d'une possession qu'il n'a
« pas, et en saisisse une autre personne, on ne peut
« par la même raison feindre qu'il s'en soit dessaisi
« et en ait saisi quelqu'un. »

3° Que depuis l'acte l'aliénateur eut laissé l'héritage vacant.

A propos de ces traditions feintes, les jurisconsultes Français se posaient plusieurs questions qu'il est intéressant de connaître.

Première question. — Ricard *(traité des donations)*, pose l'espèce suivante : une coutume n'admet expressément qu'une tradition feinte, celle qui résulte par exemple de la rétention d'usufruit : doit-on décider que les clauses de constitut et précaire sont virtuellement admises dans cette coutume qui ne les a pas reçues particulièrement ?

Ricard répond affirmativement « parce qu'il y a
« apparence, dit-il, que nos coutumes en admettant
« ces espèces de traditions par voie feinte ont voulu
« recevoir en général toute sorte de tradition de cette
« nature. »

Deuxième question. — (V. Pothier dans son *traité du contrat de vente.*) Primus vend à Secundus l'immeuble A. Dans le contrat de vente est insérée la clause de constitut. Primus ensuite vend à Tertius le même fonds A et lui fait tradition réelle. Le premier acheteur, qui a reçu une tradition feinte peut-il revendiquer le fonds contre le deuxième acheteur qui a reçu tradition réelle ? Charondas *en ses Réponses* et Belordeau décident en faveur du second acheteur. Les traditions feintes en effet ne consistent en aucun fait extérieur et ne peuvent avoir l'efficacité et la vertu d'être réputées vis-à-vis des tiers avoir transféré la propriété. Or le deuxième acheteur est un tiers. Guypape au contraire (décis. 112) se prononce pour le premier acheteur. Car la tradition feinte est une véritable tradition et transporte la propriété *erga omnes*. Pothier partage l'opinion de Guypape : « je crois « cette opinion plus véritable avec cette limitation « pourvu que la preuve de la tradition soit établie « par un acte authentique, ou si l'acte est sous si- « gnatures privées, pourvu que l'antériorité de la « date à la tradition réelle faite au second ache- « teur...... soit suffisamment constatée, *puta* par « la mort de quelqu'une des parties qui l'on sous- « crit. »

Troisième question. — Si après une vente conte- nant tradition fictive, par exemple la clause de dessaisine saisine, le vendeur et l'acheteur vou- laient opérer résolution du contrat par le mutuel dissentiment y avait-il *res integra* ? c'est-à-dire le droit féodal de *quint* ou de *lods et vente* était-il dû, à raison de l'effet irrévocable de l'acte de tra- dition ou bien la tradition feinte était-elle censée non avenue ?

Dumoulin, Henrys et Pothier lui-même déci- daient dans ce dernier sens. Une telle opinion sem-

ble assez extraordinaire chez Pothier qui est d'ordinaire si disposé à accorder aux traditions feintes
une efficacité absolue. On peut toutefois l'expliquer
en remarquant qu'il s'agit d'un droit féodal et que
les jurisconsultes battaient sans cesse en brèche
les prérogatives des seigneurs. Du reste l'opinion
de Dumoulin et de Pothier n'était pas sans con-
tradicteurs. Balde et Alexandre prétendaient en
effet et je crois avec raison qu'il n'y avait pas *res
integra.*

Des trois questions que nous venons d'examiner successivement il résulte que nos anciens
auteurs mettaient absolument sur la même ligne
la tradition réelle et la tradition feinte. Et remarquons-le bien, il n'en est pas ainsi seulement de la
tradition feinte qui résulte des clauses de constitut, de précaire et de rétention d'usufruit, mais
encore de la tradition feinte qui résulte de la clause
de dessaisine saisine.

Quelle fut la conséquence de notre système coutumier sur la tradition? La clause de dessaisine
saisine finit par se rencontrer dans tous les actes
d'aliénation d'immeubles. Dès qu'il y eut vente il
il y eut tradition feinte. Ricard (Traité des donations, 901), nous le dit expressément. « Au moyen
« de quoi la tradition qui avait eu pour objet le
« bien public et la sûreté du commerce ne servit plus
« dans la plupart des coutumes qu'à grossir les clau-
« ses d'un contrat et ne dépendit plus que du style
« des notaires. »

Argou dans ses Institutions au droit français (Tome II, p. 242) est encore plus explicite :

« Comme parmi nous on met toujours une clause
« dans les contrats de vente par laquelle le vendeur
« se dépouille et démet de la propriété et de la pos-
« session de la chose vendue pour en saisir l'acqué-
« reur, ce qu'on appelle tradition feinte, dès le mo-
« ment que le contrat est parfait et accompli tous
« les droits qui appartiennent au vendeur passent
« en la personne de l'acheteur. »

Du moment où toute vente renfermait une tradition feinte quelques auteurs en vinrent à attribuer la translation de propriété à l'acte de vente
lui-même et non à la tradition feinte y continue.
Le *modus adquirendi* et le *titulus ad adquirendum*
commencèrent à se confondre. Domat (lois civiles,
liv. 1, t. II, sect. 2, n° 8), prétend que la vente en
droit français est translative de propriété. Bourjon
déclare qu'entre deux acquéreurs successifs l'au-
thenticité du titre l'emporte sur la prise de possession. Claude Ferrière dans la *Science des notaires* définit la vente un contrat « par lequel le
« vendeur cède et livre à l'acquéreur la propriété
« et la possession d'une chose. » Enfin Argou (Institutions au droit français, tome II, p. 238) nous dit :
« La vente parmi les Romains obligeait le vendeur
« à la tradition; parmi nous elle transfère la pro-
« priété si le vendeur est propriétaire. »

Ces opinions un peu hardies n'étaient pas suivies
par tous les auteurs et Pothier défend énergique-

ment l'idée d'obligation et non de transport de propriété attachée par les Romains au nom de contrat et la distinction antique entre le *modus acquirendi* et le *titulus ad acquirendum*. Il n'en est pas moins vrai de dire que notre droit contumier avant 1789 contenait en germe les art. 711, 1138 et 1583 du Code civil.

§ 3.

COUTUMES D'EXCEPTION.

Dans le court exposé historique que nous avons fait sur la matière, nous avons vu que certaines coutumes du nord de la France, appelées pays de nantissement, exigeaient pour le transport de la propriété immobilière l'accomplissement de certaines formalités. Nous connaissons ces formalités et leur origine. Dans toutes les coutumes de nantissement les aliénations des fiefs et censives y étaient soumises ; dans quelques pays, autrefois sujets de l'Espagne il en était de même pour les aliénations d'alleux.

Cette doctrine est bien certaine quand il s'agit de l'aliénation totale d'un fief ou d'une censive (Pour les alleux il n'y a pas à distinguer) et toutes les coutumes de nantissement n'ont qu'une voix sur ce point.

« Personne ne pourra vendre, donner, changer,

« bailler à rente ni en autre manière aliéner les fiefs
« que par deshéritance par devant les seigneurs ou
« baillis et hommes de fiefs dont ils seront tenus.
« (*Hainaut* chap. 94 art. 1). »

« Par tout le gouvernement (de Péronne et Roye),
« nous dit l'article 264 de la coutume de Péronne, en
« tous contrats d'aliénation et transports est requis
« dessaisine et saisine pour acquérir droit de pro-
« priété qui se fait en cette manière à savoir que les
« deux contractants doivent comparoir par devant
« le bailli ou lieutenant du lieu dont les héritages
« sont tenus et mouvant et illec déclarer en pré-
« sence du greffier et de deux témoins le contrat
« qui aura été fait dont sera fait acte qui vaudra
« saisine et dessaisine sans autre solennité. »

Quid s'il s'agit de l'aliénation partielle d'un fief ?
Les coutumes varient à ce sujet. Les unes exigent
les nantissement. Néanmoins les coutumes de Hainaut, Vermandois et Reims avaient des dispositions
contraires. Nous lisons en effet dans les Chartes
Générales de Hainaut (chapitre 4 article 5) : « Les
dits seigneurs pairs ne pourront aliéner changer ni
engager lesdites terres et seigneuries en pairies par
déshéritance sans y avoir deux pairs présents, faisant le jugement des solennités requises et un tel
cas pertinentes; sauf que sur leur scel et seing ma-
nuel ou attestation de deux hommes de fiefs de
notre dite cour ils pourront créer hommes de fiefs
pour tenir cour et siége de plaids. »

L'effet du nantissement opéré est de transporter

à l'acquéreur la propriété. Il s'ensuit que si avant
le nantissement opéré, je vends un immeuble déjà
vendu à un second acquéreur et que ce deuxième
acquéreur soit nanti avant le premier, ce deuxième
acquéreur devient propriétaire de l'immeuble.

« Et ne suffit, nous apprend en effet l'article 128
« de la coutume de Vermandois, à l'acheteur de soi
« mettre et immiscer de son autorité privée en l'hé-
« ritage par lui acquis, de sorte que si le vendeur
« vendait de rechef ledit héritage à autre auparavant
« le vest baillé audit premier acheteur, et s'en dévê-
« tait au profit du second acheteur, en ce cas ledit
« second acheteur serait fait seigneur de la chose à
« lui vendue. »

La coutume de la Châtellenie de Lille porte également (titre 10, art. 4) : « Qu'une vente ou dona-
« tion réalisée fait à préférer à autre vendition ou
« donation verbalement faite seulement. »
Cette règle souffre cependant deux exceptions :

La première est contenue dans l'art. 131 de la
coutume de Vermandois : « Toutefois est à en-
« tendre qu'au refus ou délai que le seigneur foncier
« ou ses officiers pourraient faire à l'acheteur de le
« vestir, pour quelque cause que ce fut, ne lui peut
« préjudicier contre autre second acheteur qui
« depuis se serait fait vestir par ledit seigneur ou
« ses officiers, et suffit en ce cas pour exclure ledit
« second acheteur que le vendeur se soit première-
« ment dévêtu au profit dudit acheteur, encore

« qu'icelui acheteur n'ait depuis été vestu au
« moyen du refus ou délai des susdits. »

La deuxième exception se présente dans le cas
suivant : De deux acheteurs successifs, le second
s'est fait le premier nantir. Mais il était instruit
soit en contractant, soit en prenant saisine qu'il
existait déjà un contrat de vente du même bien.
« Car le dol nous dit Merlin (*Répert. de Jurisp.*
« v° *Nantissement*) ne doit jamais tourner au profit
« de celui qui s'en est rendu coupable. » On ac-
« corde alors au premier acheteur une action
révocatoire du nantissement du deuxième.

DROIT FRANÇAIS ACTUEL

DE LA TRANSMISSION DE LA PROPRIÉTÉ

PAR L'EFFET DES CONVENTIONS.

Mon but dans cette étude est d'exposer, autant que possible, avec clarté et méthode les principes de notre droit moderne sur la transmission de la propriété par l'effet des conventions. Je ne devrais donc m'occuper que du Code civil et des lois postérieures qui ont pu le modifier. Je crois néanmoins préférable d'indiquer sommairement les dispositions législatives antérieures au Code civil. Je dégagerai ensuite les principes de notre Code sur la matière et développerai les exceptions apportées à ces principes soit par le Code lui-même soit par les lois qui l'ont suivi.

CHAPITRE PREMIER.

ANTÉCÉDENTS HISTORIQUES.

Tous les systèmes sur la transmission de la propriété entre-vifs peuvent être ramenés à trois principaux :

1º Le transfert de la propriété peut *erga omnes* résulter du simple consentement.

2º Il peut être subordonné tant à l'égard des parties qu'à l'égard des tiers à des modes civils qui seront les mêmes soit à l'égard des tiers soit à l'égard des parties.

3º Il peut enfin résulter du seul consentement à l'égard des parties contractantes et être subordonné à un mode civil à l'égard des tiers,

Ces divers systèmes ont été tour à tour mis en pratique dans notre pays.

Dans un court appendice à ma thèse de droit romain j'ai traité de la tradition considérée comme mode translatif de propriété dans l'ancien droit français. Qu'il me soit permis de présenter ici le résultat de cette courte étude.

La France avant la Révolution était loin d'avoir l'unité de législation. Sur la transmission de la propriété elle se divisait en deux droits bien distincts, le droit commun des coutumes et le droit des pays de nantissement.

Dans le droit généralement suivi il n'y avait transfert de la propriété soit mobilière soit immobilière de l'aliénateur à l'acquéreur, que si la tradition de l'objet aliéné était faite à celui-ci par celui-là. Mais peu à peu, grâce au développement de la théorie des traditions feintes, la nécessité de la tradition devint une vaine formalité. Souvent la tradition fut consensuelle et s'opéra sans qu'il y eut réellement déplacement de la possession, et cela, *erga omnes*. On pourrait donc, il me semble, sans exagération dire qu'en fait sinon en droit le système généralement adopté en France sur le transfert de la propriété était celui que nous avons indiqué en première ligne au commencement de ce chapitre.

Dans les pays de nantissement au contraire on suivait le deuxième système. Toute mutation d'immeubles, soit fiefs, soit censives, soit même dans certaines coutumes, *verbi gratia* le Hainaut, francs-alleux, supposait l'accomplissement des devoirs de loi. Et cette formalité était exigée absolument pour que la propriété de l'immeuble fut transférée soit à l'égard des tiers soit à l'égard des parties.

Vint la Révolution. Elle avait promis un Code ; elle résolut de tout laisser dans le *statu quo* jusqu'à la confection de ce Code. Aussi dans notre matière ne voulut-elle pas innover tout d'abord. Le droit commun de la France demeura ce qu'il était ; la tradition resta exigée mais la tradition feinte suffit.

Quid des pays de nantissement ? La transmission
de la propriété y était dépendante de l'accomplissement des devoirs de loi. Or ces devoirs s'accomplis-
saient devant les justices seigneuriales et l'Assem-
blée constituante venait de supprimer les justices
seigneuriales. Une loi parut qui trancha la difficulté.
La loi des 20 et 27 septembre 1790 abolit en effet
les formalités féodales du vest et du devest mais
conserva la publicité des actes translatifs de propriété.

« A compter du jour où les tribunaux de district
« seront installés dans les pays de nantissement,
« nous dit l'art. 3 de cette loi, les formalités de sai-
« sine dessaisine, deshéritance adhéritance, vest
« devest, reconnaissance échevinale, mise de fait,
« main assise, plainte à la loi et généralement
« toutes celles qui tiennent au nantissement féo-
« dal et censuel sont et demeurent abolies et jusqu'à
« ce qu'il en ait été autrement ordonné la transcrip-
« tion des grosses des contrats d'aliénation ou d'hy-
« pothèque en tiendra lieu et suffira en conséquence
« pour consommer les aliénations et les constitu-
« tions d'hypothèque.... »

L'art. 4 de la même loi ajoute ; « Les dites trans-
« criptions seront faites par les greffiers des tribu-
« naux de district de la situation des biens, selon
« l'ordre dans lequel les grosses des contrats leur
« auront été présentées et qui sera constaté par un
« registre particulier dûment coté et paraphé par
« le président de chacun des dits tribunaux. Les

« registres destinés à ces transcriptions seront pa-
« reillement cotés et paraphés, et les greffiers se-
« ront tenus de les communiquer sans frais à tous
« requérants. »

Comme on le voit, la loi des 20 et 27 septembre 1790 ne fit que débarrasser le droit des pays de
nantissement des vestiges de féodalité qui y sub-
sistaient encore. Du reste en substituant la transcription aux anciens devoirs de loi, elle ne changea
rien à l'ancienne théorie sur le transfert de la propriété immobilière ; la transcription des contrats
fut exigée pour que la propriété fut transférée tant
à l'égard des tiers qu'à l'égard des parties contractantes elles-mêmes.

Le troisième système, que nous avons indiqué
plus haut sur la transmission de la propriété, fut
inauguré par la la loi du 11 brumaire, an VII. Cette
loi eut pour but d'organiser un système de publicité des hypothèques. Parallèllement et incidemment en quelque sorte elle fut conduite à exiger la
publicité des mutations des biens susceptibles
d'hypothèque.

La loi des 20 et 27 septembre 1790 avait eu
d'heureux résultats dans les pays de nantissement.
La loi de brumaire lui emprunta la formalité de
la transcription. On pourrait donc croire que, au
moins sur le point qui nous occupe, la loi du 11
brumaire, an VII, ne fut que la répétition et l'extension à toute la France de la loi des 20 et 27 septembre 1790. Rien ne serait plus faux que cette

idée. La loi de brumaire prit la transcription, mais en diminua la nécessité intrinsèque. Je m'explique. Dans les anciens pays de nantissement, sous l'empire de la loi des 20 et 27 septembre 1790, la transcription était exigée pour que la propriété fut transférée même *inter partes*. A partir de la loi de brumaire il n'en fut plus de même. L'art. 26 de cette loi nous dit en effet : « Les actes translatifs « de biens et droits susceptibles d'hypothèque doi- « vent être transcrits sur le registre du bureau de « la conservation des hypothèques dans l'arrondis- « sement duquel les biens sont situés. Jusque là « ils ne peuvent être opposés aux tiers qui auraient « contracté avec le vendeur et qui se seraient con- « formés aux dispositions de la présente. »

N'est-ce pas proclamer implicitement qu'entre les parties contractantes, la propriété est trans- mise indépendamment de la transcription des con- trats.

Du reste il faut bien le remarquer, la loi du 11 brumaire, an VII, ne s'occupait ni de la transmis- sion de la propriété des meubles, ni même de la transmission de la propriété des immeubles non susceptibles d'hypothèque.

Il résulte donc de cette constatation, que sous l'empire de la loi de brumaire les aliénations de meubles ou d'immeubles non susceptibles d'hypo- thèque étaient valables *erga omnes* indépendam- ment de toute transcription ; et quant aux aliéna- tions d'immeubles susceptibles d'être hypothéqués, que, valables *inter partes* indépendamment de toute transcription, elles n'étaient pas opposables aux tiers sans l'accomplissement de cette formalité.

Quel est le mérite de cette distinction faite par la loi de brumaire entre les parties et les tiers? C'est une question que je me réserve d'examiner plus tard. Une autre question vient ici se poser? Quelle origine doit-on assigner à cette distinction?

M. Duverdy dans un article sur la transcription (*Revue historique de Droit français et étranger*, tome I, pages 97 et suivantes), fournit une réponse à cette demande. D'après lui, notre distinction a pris naissance dans une erreur de droit commise en l'an VI par un des promoteurs de la loi de brumaire. Le représentant Crassous (de l'Hérault), se trompa dans un rapport présenté au Conseil des Cinq-Cents sur le droit des pays de nantissement, auxquels on empruntait la transcription et l'erreur par lui commise passa dans la loi. A l'appui de son dire, M. Duverdy cite le passage suivant emprunté au rapport de Crassous.

« Dans les pays de nantissement, un contrat de « vente donne toujours à l'acquéreur le droit de se « mettre en possession ; il peut toujours déposséder « le vendeur, et en cela le consentement réciproque « des parties forme le contrat ; mais les tiers qui « n'ont point stipulé, à qui cette convention est « étrangère, qui ne peuvent la connaître, ne sont « nullement engagés et s'ils contractent avec le « vendeur comme propriétaire, le consentement de

« celui-ci a son entier effet, nonobstant son expro-
« priation restée ignorée, »

Donc, selon Crassous, dans les pays de nantissement, la vente et la translation de propriété étaient
parfaites entre ces parties par l'accord des volontés
tandis qu'à l'égard des tiers, il fallait en outre la
publicité : avant 1790, du procès-verbal de l'accomplissement des devoirs de loi : depuis 1790 de l'acte
de vente. L'erreur est évidente, car, nous l'avons
vu, dans les pays de nantissement, avant comme
après la loi des 20 et 27 septembre 1790, on ne
faisait aucune distinction entre les tiers et les
parties contractantes et si la propriété n'était pas
transférée à l'égard des premiers, il en était de
même à l'égard des seconds.

L'opinion de M. Duverdy est combattue avec
énergie par M. Humbert (même *Revue*, pages 464
et suivantes). Il est certain que Crassous s'est
trompé, mais doit-on voir dans cette erreur du
rapporteur l'origine de la distinction faite par la lo
de brumaire entre les parties et les tiers ? Une As-
semblée qui contenait dans son sein des praticiens,
des jurisconsultes, tels que le directeur Treilhard
aurait-elle admis un principe de loi uniquement
par suite d'une erreur matérielle ? M. Humbert a
peine à le croire et selon moi il a raison. Où donc
chercher l'origine de notre distinction ?

Selon moi, cette distinction, véritable innovation
législative a été puisée par les législateurs dans les
ouvrages des jurisconsultes et peut-être même dans

Pothier. Cet auteur en effet (*Traité du Contrat de vente*, n° 322), s'occupant des effets de la tradition feinte, se demande si une tradition de cette espèce est censée avoir transféré la propriété à l'acheteur au détriment de tiers; il décide l'affirmative, mais rapporte que Charondas et plusieurs arrêts jugeaient en sens contraire, soit au profit de créanciers saisissants du chef du vendeur, soit d'un deuxième acheteur mis en possession réelle. N'est-il pas permis de supposer que la loi de brumaire a entendu simplement non pas adopter d'une manière irréfléchie les motifs erronés de Crassous, mais bien avec Charondas, porter sa sollicitude sur les deux classes de personnes si importantes et si intéressantes : 1° Les créanciers hypothécaires et 2° les acquéreurs de droits réels du chef du vendeur. Le législateur s'est alors trouvé conduit à accorder à la transcription ce que Charondas voulait accorder à la seule tradition réelle, le pouvoir de rendre ces aliénations opposables aux tiers. D'où la distinction de la loi de brumaire.

Il nous faut maintenant chercher à dégager les principes du Code civil sur la transmission de la propriété entre-vifs. Tel sera l'objet de notre second chapitre.

CHAPITRE II.

DES PRINCIPES DU CODE SUR LA TRANSMISSION DE LA PROPRIÉTÉ.

PREMIÈRE PARTIE.

DES IMMEUBLES.

Pour mettre un peu d'ordre dans notre travail, partons des principes admis par la loi du 11 brumaire de l'an VII. Cette loi posait deux règles :

Première règle. — Entre les parties contractantes, la propriété est transférée indépendamment de toute transcription.

Deuxième règle. — A l'égard des tiers qui ont contracté avec le vendeur et se sont conformés aux dispositions de la loi de l'an VII, la propriété n'est transférée à l'acheteur que par la transcription.

Le Code a-t-il conservé ces deux règles ? Telle est la question qu'il s'agit de résoudre : nous admettrons donc à titre provisoire la distinction faite par la loi de brumaire entre les parties et les tiers, et examinerons la question du transfert de la propriété entre les parties d'abord et ensuite à l'égard des tiers.

§ 1er.

Du tranfert de la propriété inter partes.

Comment la propriété passe-t-elle sous l'empire du Code de l'aliénateur à l'acquéreur? A quel mo ment ce dernier réunit-il les qualités de créancier et propriétaire?

Cette question est résolue par les articles 711 et 1138 du Code civil.

Au premier abord, il semble que les articles que je viens de citer visent plus haut et s'occupent, tant leur portée est générale, du transfert de la propriété *erga omnes*. Une telle idée serait, je crois, inexacte, en tant qu'il s'agit d'immeubles.

L'art. 711 est, en effet, un article d'énumération.

Il met sur la même ligne que l'effet des obligations les donations et cela sans faire, pour les donations non plus, aucune différence entre les parties et les tiers. Et cependant nous verrons plus tard qu'à l'égard des tiers la donation d'immeubles ne transfère en aucune façon au donataire la propriété des objets donnés. On peut donc déjà concevoir quelques doutes sur la portée générale de l'article 711. Ce qui vient encore donner plus de poids à cette raison de douter, c'est la remarque suivante: l'art. 711 existait dans le projet primitif du Code et avec sa rédaction actuelle. Ce qui n'empêchait pas l'art. 38 du projet de s'occuper en ces termes du transfert de la propriété à l'égard des tiers : « Dès « l'instant que le propriétaire a contracté par acte « authentique l'obligation de donner ou livrer un « immeuble, il en est exproprié, l'immeuble ne peut « plus être saisi sur lui par ses créanciers, l'aliéna- « tion qu'il en fait postérieurement est nulle et la « tradition qu'il aurait pu faire à un deuxième « acquéreur ne donne aucune préférence à celui- « ci. » Ainsi, dans l'art. 38 du projet, on faisait dépendre la transmission de la propriété à l'égard des tiers de la rédaction et de la date de l'acte au- thentique, et cependant l'art. 711 existait dans le projet. Donc il ne visait pas et ne vise pas encore la question du transfert de la propriété à l'égard des tiers.

L'art. 1138 n'a pas, lui non plus, une portée aussi générale que sa rédaction pourrait le faire supposer. Les art. 1140 et 1583 du Code en sont la preuve.

Nous connaissons la véritable portée des art. 711 et 1138. Passons à l'explication de ces articles en eux-mêmes.

L'art. 711 nous dit : « La propriété des biens..... « se transmet..... par l'effet des obligations. »

De quelles obligations veut-on parler ? Les obli- gations peuvent naître soit d'un contrat, soit d'un quasi-contrat, d'un délit ou d'un quasi-délit. Néan- moins les commentateurs sont d'accord pour décider que l'art. 711 entend seulement parler des obligations nées *ex contractu.*

Ce point admis, nombre de commentateurs ont reproché au Code une inexactitude : une obligation ne peut pas, disent-ils, transférer la propriété, une convention seule peut avoir cet effet. Je ne nie pas la parfaite exactitude de cette remarque. Qu'il me soit permis néanmoins de faire observer que le Code ne dit pas, dans l'art. 711, que la propriété est transférée par les obligations, mais bien, ce qui est différent, par l'effet des obligations, c'est-à-dire par l'accomplissement des obligations. Rien n'est plus juste, et nous verrons que l'art. 1138 ne fait sur ce point qu'expliquer et paraphraser l'art. 711.

L'art. 1138 est l'article fondamental de notre matière :

Art. 1138. « L'obligation de livrer la chose est
« parfaite par le seul consentement des parties
« contractantes. Elle rend le créancier propriétaire
« et met la chose à ses risques dès l'instant où elle
« a dû être livrée encore que la tradition n'en ait
« point été faite, à moins que le débiteur ne soit
« en demeure de la livrer : auquel cas la chose reste
« aux risques de ce dernier. »

De cette disposition de la loi j'extrais les parties suivantes, qui ont seules rapport à notre sujet.
« L'obligation de livrer la chose est parfaite par le
« seul consentement des parties contractantes.
« Elle rend le créancier propriétaire..... dès l'ins-
« tant où la chose a dû être livrée. »

Sur le sens général de notre article nul doute. Tout le monde convient qu'il a pour but de supprimer l'antique différence entre le *modus acquirendi* et le *titulus ad acquirendum* et de décider qu'à l'avenir *inter partes* le seul consentement sera translatif de propriété.

Mais si les auteurs sont d'accord sur le sens de l'article, ils ne le sont plus lorsqu'il s'agit d'en expliquer les termes.

Sur ce point on compte deux systèmes :

Premier système. — Ce premier système est défendu par MM. Toullier, Duranton, Delvincourt. Le voici :

« L'obligation de livrer est parfaite par le seul « consentement des parties contractantes. »

Cette disposition de notre article se réfère à la formation de l'obligation : elle signifie que chez nous l'obligation de livrer se forme par le seul consentement; *solus consensus obligat.*

Par exception, cette disposition de notre article cesse d'être vraie dans le cas d'un contrat solennel. « Elle rend le créancier propriétaire... dès l'instant « où la chose a dû être livrée..... »

Cette seconde partie de l'art. 1138 contient une innovation à l'ancien droit, et n'est que le développement de l'art. 711. Elle a pour but de supprimer la nécessité de la tradition, qui était exigée dans le droit romain et notre droit coutumier pour consommer le transfert de la propriété.

Voilà donc, d'après les auteurs du premier système, l'interprétation qu'il faut donner à l'article 1138. Mais, avec cette interprétation, les termes de notre article sont loin d'être exacts. Aussi le premier système lui fait-il subir force corrections :

1° Une obligation ne saurait rendre propriétaire, car elle ne peut avoir d'autre effet que de donner au créancier le moyen de contraindre le débiteur à exécuter sa promesse. Le mot « obligation » doit donc être remplacé dans l'art. 1138 par le mot « convention. »

2° Ce n'est pas tout : la convention de livrer une chose ne rend point le créancier propriétaire de cette chose. En effet la convention de louage est de la part du bailleur une convention de livrer. Et cependant le preneur ne devient pas propriétaire de la chose donnée à bail. La seule convention de donner peut être translative de propriété. Écrivons donc dans l'art. 1138 au lieu des mots « obligation de livrer, » ceux-ci : « convention de donner. »

3° Ce n'est pas tout encore. Notre art. 1138 porte, que la convention de donner, « rend le créancier « propriétaire... dès l'instant où la chose a dû être « livrée... » Qu'est-ce à dire ? Cette formule prise à la lettre signifie-t-elle que dans les conventions à terme la propriété est transférée non pas du jour du contrat mais du jour de l'échéance du terme ? Mais une telle solution serait contraire à tous les principes de notre Code.

Art. 1185 « Le terme diffère de la condition en ce « qu'il ne suspend point l'engagement dont il re-

« tarde seulement l'exécution. » D'après cet article l'engagement existe *hic et nunc* : il doit donc produire tous ses effets aussi bien le droit de propriété que le droit de créance.

Faut-il encore citer l'article 1583 de notre code qui n'est que l'application à la vente du principe général posé par l'article 1138? Cet article porte que par le seul accord des volontés la propriété est transmise du vendeur à l'acheteur et cela d'une manière absolue, générale, sans se préoccuper si la convention est ou non à terme.

Pour éviter ces contradictions, les partisans du premier système ont encore défiguré l'art. 1138 et ont substitué à la phrase « ..... dès l'instant où elle a dû être livrée..... » cette autre phrase : « ..... dès l'instant où est née l'obligation de donner..... »

Grâce à ces changements successifs, voici ce que devient dans le premier système le texte de l'article 1138 : « L'obligation de donner se forme par le seul consentement des parties contractantes ; la convention de donner rend le créancier propriétaire... dès l'instant où est née l'obligation de donner... »

Ou peut faire au système que je viens d'exposer de graves objections :

L'interprétation du premier alinéa de notre article : « L'obligation de donner se forme par le seul consentement.... » est-elle admissible ou même logique? je ne le crois pas. En effet, nous dire que l'obligation de donner se forme *nudo consensu* me semblerait de la part des rédacteurs de notre article une redondance et un manque de méthode :

Une redondance : en effet la règle qu'en droit Français les contrats pour la plupart se forment *nudo consensu* est clairement écrite dans les articles 1101 et suivants du code civil.

Un manque de méthode : de quoi s'occupent les rédacteurs du code civil dans le chapitre III du titre 111 du livre III dudit code? De l'effet des obligations. Et dans notre section II? De l'obligation de donner qui elle-même contient l'obligation de livrer? Sarait-il logique de ne s'occuper de la formation d'une obligation que dans le chapitre où on traite de ses effets et où par conséquent on la suppose formée? Serait-il surtout logique de s'occuper dans l'art. 1138 de la formation de l'obligation de livrer, lorsque dans l'art. 1136 on s'est occupé des effets de l'obligation de donner, génératrice de l'obligation de livrer?

Un autre reproche, celui-ci tout à fait général, que je crois devoir faire au premier système est de dénaturer complétement la lettre de l'art. 1138. Dénaturer la lettre n'est-ce pas quelquefois s'exposer à dénaturer l'esprit d'un article. Il n'est vraiment pas admissible qu'un législateur se soit en quelque sorte efforcé de faire entrer dans un article autant d'inexactitudes qu'en relève le premier système dans l'art. 1138. Cette remarque, à elle seule devrait suffire selon moi pour faire donner la préférence au second système que je vais exposer.

Deuxième système. — Ce deuxième système qui, je crois, donne à l'art. 1138 sa véritable interprétation, est soutenu par MM. Valette et Marcadé. Il a sur le premier système l'avantage de ne point défigurer l'article, et de l'expliquer tel qu'il est phrasé par phrase.

« L'obligation de livrer est parfaite par le seul consentement des parties contractantes. »

Quel est le sens exact de ces mots : « obligation de livrer? » obligation de livrer signifie, selon nous, obligation de faire tradition. Ce qui corrobore cette assertion ce sont les expressions suivantes de l'article 1136 du Code « L'obligation de donner emporte celle de livrer la chose... » Or il est manifeste que l'obligation de transférer la propriété doit avoir pour synonyme l'obligation de faire tradition.

Ceci posé, que veulent dire les mots « est parfaite » de notre texte. Le premier système les remplace par ceux-ci : « est formée. » Selon nous, ces mots loin d'avoir trait à la formation de l'obligation ont trait à son accomplissement, à son exécution. L'obligation de faire livraison, tradition, est parfaite en ce sens qu'elle est exécutée, accomplie par le seul consentement des parties contractantes.

Comprenons bien cette donnée :

Dans notre ancien droit, le transfert de la propriété n'était consommé que par la tradition. L'acheteur ne devenait donc acquéreur que par la tradition. Seulement, nous l'avons vu, cette nécessité de la tradition s'était énervée par les effets que la pratique et la doctrine accordaient aux traditions feintes ou consensuelles. Souvent la tradition s'effectuait *nudo consensu* : Il est, en effet, impossible de voir autre chose que la manifestation du simple consentement dans la clause de dessaisine-saisine si usitée en matière de ventes d'immeubles. Que fait le Code : il supprime ces clauses de traditions feintes ou plutôt les sous-entend. Autrefois le consentement accompagné de certaines clauses transférait la propriété; il la transférera seul désormais, ou plutôt renfermera en lui-même une clause tacite de tradition. L'obligation de faire tradition sera, dit le Code, réputée accomplie dès que les parties seront d'accord.

Cette interprétation du premier alinéa de l'article 1138 devient palpable et évidente quand on lit les articles 938 et 1583 de notre Code.

Voyons l'article 938 : « La donation dûment acceptée sera parfaite par le seul consentement des parties; et la propriété des objets donnés sera transférée au donataire sans qu'il soit besoin d'autre tradition.¹ »

« La donation dûment acceptée sera parfaite par le seul consentement des parties. » Dans l'article 938, ces mots « sera parfaite » se réfèrent-ils à la formation de la donation? Certes non; la donation est en effet un contrat solennel; rien de plus faux, par conséquent, que de dire que ce contrat de donation se forme par le seul consentement. Dans l'article 938, les mots « sera parfaite » se réfèrent donc à l'effet que doit produire la donation. La donation est parfaite par le seul consentement en ce sens que le transfert de la propriété est réputé accompli par le seul consentement. La donation engendre une obligation de livrer, de faire tradition et le consentement opère tradition fictive. Cela est si vrai que l'article 938 ajoute : « sans qu'il soit be-« soin d'autre tradition, » et que le projet primitif du Code complétait ainsi l'article « que celle qui résulte du consentement. »

Quant à l'article 1583 « Elle (la vente) est par-« faite, nous dit-il, entre les parties, et la propriété « est acquise de droit à l'acheteur à l'égard du ven-« deur, dès qu'on est convenu de la chose et du prix, « quoique la chose n'ait pas encore été livrée ni le « prix payé. » Si dans cet article les mots « est parfaite » avaient le sens de « est formée, » nous aboutirions à un vrai non sens. Les rédacteurs de l'art. 1583 auraient en effet la naïveté de nous faire remarquer que le défaut de tradition et de paiement du prix n'empêche pas le contrat de vente de se former. Or cela a de tout temps été reconnu aussi bien en droit romain que dans notre ancien droit français. Ce qu'il était utile de dire et ce que les rédacteurs du Code ont dit, c'est qu'en vertu du nouveau principe, le contrat de vente contiendrait dorénavant en lui-même une clause de tradition fictive et transporterait la propriété du vendeur à l'acheteur. Le sens exact de l'article 1583 est donc celui-ci : La

vente est consommée entre les parties, et translative de propriété dès qu'elle existe.

A qui aurait encore des doutes sur le sens que les
rédacteurs du Code attachaient à ces expressions :
vente parfaite, donation parfaite, obligation parfaite, je citerai les explications fournies par ces rédacteurs eux-mêmes. M. Bigot, l'un d'eux, disait
sur notre article : « C'est le consentement qui rend
« parfaite l'obligation de livrer la chose ; il n'est donc
« pas besoin de tradition réelle pour que le créancier
« doive être considéré comme propriétaire.» (Fenet,
t. 12, p. 230.) Cette phrase ne peut être expliquée
que de la manière suivante : Tout transport de propriété suppose une tradition soit réelle, soit équi-
valent à tradition réelle. Le consentement renferme une sorte de tradition que parachève l'obligation. Il n'est donc pas besoin de tradition réelle.

Un autre rédacteur, M. Portalis s'exprimait ainsi
sur l'article 1583 : « On décide dans le projet que la
« vente est parfaite quoique la chose vendue n'ait
« pas encore été livrée... Dans les premiers âges il
« fallait tradition, occupation corporelle pour con-
« sommer le transport de propriété... dans les prin-
« cipes de notre droit français le contrat suffit... le
« contrat est consommé dès que la foi est donnée...
« Le système du droit français est plus raisonnable
« que celui du droit romain. Il est encore plus favo-
« rable au commerce ; il rend possible ce qui ne le
« serait souvent pas si la tradition matérielle était
« nécessaire pour rendre la vente parfaite.» Dans un

autre passage le même rédacteur est encore plus explicite : « Il s'opère par le contrat une sorte de « tradition civile qui consomme le transport des « droits et qui nous donne action pour forcer la « tradition réelle. » (Fenet, t. XII, p. 112 et 113.)

Nous sommes donc, je crois, fixés sur le sens exact du premier alinéa de l'article 1138. Cela étant rien de plus facile que d'expliquer les autres dispositions du même article.

« Elle rend le créancier propriétaire... » Par « elle » il faut entendre l'obligation de livrer réputée accomplie par le seul consentement ou, ce qui revient au même, la tradition feinte sous entendue dans l'accord des volontés.

«... Dès l'instant où la chose a dù être livrée...» Dans notre système le sens de ce membre de phrase est très net et pour mettre notre disposition d'accord avec les principes de notre code il n'est aucunement besoin de la dénaturer. La loi veut dire que la tradition civile ou feinte, d'où résulte la mutation de propriété, a lieu à partir du moment que les parties ont fixé. Ce moment, lorsqu'elles n'ont pas dit le contraire, est le moment même du contrat et cela lors même que le contrat est à terme. Mais il est loisible aux parties de renvoyer à une autre époque la mutation de propriété et de convenir par exemple qu'elle n'aura lieu que dans un certain délai, six mois par exemple.

Nous venons d'expliquer l'art. 1138 du Code. Il nous est facile maintenant de comprendre l'écono-

mie générale de notre Code civil sur la transmission de la propriété du débiteur au créancier.

Dans un premier article, l'art. 711, le Code pose
nettement le principe du transport de la propriété
inter partes par le seul effet de la convention. Puis,
novateur timide, il essaie de légitimer son innovation. Il supprime la tradition mais veut la supprimer poliment, dans les règles, et s'efforce de faire
pardonner son *nouveau* principe en établissant sa
parenté avec les anciens.

L'art. 1138 n'est, si je puis m'exprimer ainsi,
qu'un article d'excuse envers un passé qu'il abroge.

Aussi que de détours ; que d'idées subtiles con-
tenues en cet article 1138. Parcourons-les :

1° La convention de transférer la propriété crée
une obligation de donner.

2° Cette obligation de donner emporte celle de
faire tradition,

3° La tradition est nécessaire pour transférer la
propriété.

4° La tradition peut être réelle : elle peut aussi
d'après l'ancien droit être feinte ou consensuelle.

5° Le consentement dorénavant renferme tradition feinte et en produit les effets. Donc, il tranfère
la propriété.

Quoiqu'il en soit un point se dégage bien nettement de nos deux articles.

La propriété des immeubles est, au moins *inter
partes*, transmise par le consentement des parties
contractantes.

§ 2.

De la transmission de la propriété à l'égard des tiers.

Comment sous l'empire du Code la propriété d'un immeuble est-elle transférée du vendeur à l'acheteur à l'égard des tiers? Ou pour m'exprimer plus clairement à quel moment l'acte de vente de l'immeuble A intervenu entre Primus et moi peut-il être opposé aux tiers? Cette question est l'objet de notre § 2.

L'art. 1140 du Code civil est ainsi conçu :

« Les effets de l'obligation de donner ou de livrer « un immeuble sont réglés au titre de la vente et « au titre des priviléges et hypothèques. »

Pourquoi cet article? N'était-il pas naturel d'exposer sous la rubrique « de l'obligation de donner » les effets de l'obligation de donner ou de livrer un immeuble? Pourquoi donc cet ajournement à deux titres ultérieurs d'une question qui dans notre section était si bien à sa place?

Notre art. 1140 s'explique historiquement.

Les rédacteurs du Code étaient divisés sur le point qui nous occupe. Deux partis s'étaient formés, forts l'un et l'autre de grandes autorités.

L'un voulait le maintien de la loi de Brumaire an VII; selon lui on devait distinguer entre les parties et les tiers; entre les parties la propriété des immeubles pouvait se transférer indépendamment de toute mesure de publicité ; mais à l'égard des tiers il ne devait pas en être de même.

L'autre parti, au contraire, voulait l'abrogation de la loi de brumaire et le retour à l'ancien droit français avant 1789. Dès que la propriété était transférée *inter partes*, elle l'était *erga omnes* ; la transcription devait être supprimée.

La première lutte entre ces deux partis s'engagea sur notre article. La commission de rédaction penchait vers l'abrogation de la loi de brumaire. Après avoir proposé l'article 1, n° 3, des dispositions générales du livre III. et l'art. 37 du titre 2 de ce livre (art. 711 et 1138 du Code), qui ne traitaient le transfert de la propriété des immeubles qu'*inter partes*, et pour ce motif furent votés sans opposition, la commission présenta un article trente-huitième que nous avons déjà cité (v. *supra*, p. 122) et qui était le complet renversement de la loi de brumaire. Les partisans de cette dernière loi se récrièrent ; l'accord ne put se faire entre les deux partis opposés, qui finirent de guerre lasse par consentir un armistice, l'art. 1140, et renvoyèrent la lutte au titre de la vente et au titre des priviléges et hypothèques.

Nous avons maintenant la raison de l'ajournement contenu dans l'article 1140. Mais pourquoi, peut-on se demander, cet ajournement au titre de la vente et au titre des priviléges et hypothèques plutôt qu'à tout autre titre du Code?

La réponse sera bien facile : l'art. 1140 ajourne la question au titre de la vente ; la vente, en effet, est on peut dire le type des conventions de donner. La question du transfert de la propriété des immeubles devait fatalement se représenter, et pouvait recevoir enfin la solution que le dissentiment des législateurs avait empêché de donner.

Au titre des priviléges et hypothèques ? La question, il faut l'avouer, eût été bien moins à sa place dans ce titre que dans le titre de la vente. Mais enfin la loi du 11 brumaire an VII, était avant tout une loi hypothécaire ; c'était elle qui avait établi la transcription pour les aliénations d'immeubles. Au titre des priviléges et hypothèques, on devait discuter le maintien ou l'abrogation de la loi de brumaire. On pourrait alors d'une manière incidente discuter le maintien ou la suppression de la transcription.

Qu'advint-il de l'ajournement contenu dans l'article 1140 ?

Au titre de la vente, la question se présenta de nouveau, et de nouveau aussi on la crut tranchée dans le sens de l'abrogation de la loi du 11 brumaire an VII. L'art. 2 du projet portait en effet : « La « vente est accomplie dès'qu'on est convenu de la « chose et du prix, quoique la chose n'ait pas encore « été livrée ni le prix payé. »

Cet article était, comme on le voit, fort absolu dans ses termes et ne distinguait pas entre les parties et les tiers. Aussi la lutte suspendue par l'art. 1140 s'engagea-t-elle de nouveau sur l'article 2. L'accord ne peut se faire entre les partisans et les détracteurs de la transcription : on ajourna de nouveau la question : l'art. 2 du projet fut modifié et devint l'article 1583 du code : « La vente est « parfaite entre les parties et la propriété est acqui- « se de droit à l'acheteur à l'égard du vendeur dès « qu'on est convenu de la chose et du prix quoique « la chose n'ait pas encore été livrée ni le prix « payé. »

D'ajournement en ajournement on en était arrivé au titre des priviléges et hypothèques.

La question se présente encore ; il n'y avait plus moyen de reculer. Il fallait donner une solution :

La section de législation proposa 2 articles qui n'étaient que la répétition des articles 26 et 28 de la loi du 11 brumaire an VII et maintenaient par conséquent la nécessité de la transcription.

Les deux articles, cela est fort important à remarquer visaient des hypothèses distinctes. Le premier, l'article 91, supposait une double vente faite successivement a domino et donnait la préférence à celui des deux acquéreurs a domino qui le premier avait fait transcrire. Le deuxième, l'article 92, se plaçait dans l'hypothèse d'une vente faite a non domino et déclarait, ce qui est bien évident, que dans ce cas la transcription du contrat ne transférait pas la propriété de l'immeuble à l'acquéreur a non domino.

Voici au surplus le texte de ces deux articles :
art. 91. « Les actes translatifs de propriété qui
« n'ont pas été transcrits ne pourront être opposés
« aux tiers qui auraient contracté avec le vendeur
« et qui se seraient conformés aux dispositions de
« la présente. »

Art. 92 « La simple transcription des titres
« translatifs de propriété sur les registres du conser-
« vateur ne purge pas les priviléges et hypothèques
« établis sur l'immeuble ; il ne passe au nouveau
« propriétaire qu'avec les droits qui appartenaient
« au précédent et affecté des mêmes priviléges· ou
« hypothèques dont il était chargé. »

Sur ces articles s'engagea une discussion dont les
phases, assez obscures, sont indiquées dans Locré
(législ. civ., T. XVI, p. 283). Nous allons essayer
de la résumer.

M. de Malleville demande si l'effet de l'art. 91
sera d'investir de la propriété le nouvel acheteur
qui aurait fait transcrire au préjudice de l'acheteur plus ancien qui n'aurait pas rempli cette formalité ? La raison de douter est dans l'article 92 ;
cet article porte en effet que le nouveau propriétaire
n'a que les droits qui appartenaient au précédent.
Comment expliquer cette observation de M. de
Malleville ? Par un cercle vicieux. Quelle est, en
effet, la pensée de M. de Malleville ? La voici, je
crois : Primus vend l'immeuble A, successivement
à Secundus et à Tertius. Secundus est acheteur *a
domino* ; Tertius acheteur *a non domino*, en vertu

du principe de l'art. 1 n° 3 des dispositions générales du livre III; supposons que Tertius fasse
transcrire avant Secundus; l'art. 91 l'investit de la
propriété. Mais l'art 92 déclare que Tertius ne doit
pas avoir sur l'immeuble plus de droits que Primus
son vendeur ; or, lors de la deuxième vente, Primus
n'était plus propriétaire de l'immeuble A, Tertius,
en vertu de l'art. 92, ne doit donc pas être investi
de la propriété de l'immeble A. Il y a donc antinomie entre les deux articles 91 et 92. L'erreur de
M. de Malleville consiste dans ce raisonnement à
supposer résolue par l'art. 1 n° 3 des dispositions
générales du livre III, la question même que les
art. 91 et 92 avaient à résoudre : la transmission
à l'égard des tiers de la propriété immobilière. Cet
art. 1 n° 3 n'avait en effet en vue, nous l'avons démontré, que la transmission de la propriété *inter
partes*.

M. Treilhard répond à l'observation de M. de
Malleville qu'en effet entre deux acheteurs du même
vendeur, la propriété reste à celui qui, le premier,
a fait transcrire son titre.

M. Tronchet, à son tour, attaque le projet, il re-
prend le cercle vicieux de M. de Malleville. Il reproche au projet de décider entre deux acheteurs
successifs d'un même immeuble en faveur de celui
qui a fait transcrire son titre, fut-il même acquéreur *a non domino*. Aucune propriété n'est stable.
Vous avez acheté du véritable propriétaire et n'a-
vez pas fait transcrire votre titre. Il suffira qu'un

individu, qui n'a jamais été propriétaire de l'immeuble par vous acheté, le vende à un tiers et que ce tiers fasse transcrire son contrat, pour que vous soyez privé de votre propriété. De plus, le projet semble viser les ventes même antérieures à la loi de Brumaire.

On comprend facilement la filière d'idées par laquelle passe M. Tronchet. Il part d'un principe faux. L'art 1 n° 3 des dispositions Générales du livre III, décide que la vente, ou plutôt la convention, est translative de propriété. M. Tronchet se trompe sur la portée de cet article, et l'entend d'une manière absolue; la convention est translative de propriété, *erga omnes*. Il en déduit : dans le cas de double vente le premier acquéreur a acheté *a domino*; le second, *a non domino*. Si ce dernier fait transcrire le premier, il est propriétaire d'après l'art. 91. Un acquéreur *a non domino* qui a transcrit, est donc préféré à l'acquéreur *a domino* qui n'a pas transcrit. M. Tronchet change alors d'hypothèse: Au lieu de deux ventes successives consenties par un propriétaire, il suppose le conflit entre une vente *a domino* non transcrite, et une vente transcrite émanant d'un individu qui n'a jamais été propriétaire et il applique l'art. 91.

Le consul Cambacérès invite la section à s'expliquer sur ces deux points : 1° Les ventes faites avant la loi de brumaire sont-elles sujettes à la formalité de la transcription? 2° La transcription conférera-t-elle la propriété à l'acheteur lors même qu'il aura acheté d'un particulier qui n'était pas propriétaire?

M. Treilhard, organe de la section, répond que l'art. 92 résout la difficulté.

J'ai fait remarquer, en effet, qu'il supposait précisément une vente faite *a non domino*, et constatait l'impuissance de la transcription à investir de la propriété l'acheteur *a non domino*.

M. Tronchet dit que l'art. 92 corrobore au contraire l'interprétation qu'il donne à l'art. 91. D'après lui l'art. 91 dans un conflit entre une vente *a domino* non transcrite et une vente *a non domino* transcrite donne la préférence à cette dernière ce qui revient à dire que la transcription purge la propriété. C'est du reste la conséquence que l'on peut tirer par argument *a contrario* de l'art. 92. La transcription ne purge pas, en effet, les priviléges et hypothèques ; donc elle purge la propriété.

M. Treilhard rétablit très-clairement le vrai sens et l'hypothèse de l'art. 92 qui traitait seulement une question de propriété absolue et non une question de propriété relative.

Le consul Cambacérès est d'avis que la rédaction des art. 91 et 92 ne rend pas assez clairement le sens que vient de leur donner M. Treilhard.

A la fin de la séance, le conseil adopte en principe : 1° Que la disposition de l'article n'est pas applicable aux contrats de vente antérieurs à la loi du 11 brumaire an VII; 2° que la transcription du contrat ne transfère pas à l'acheteur la propriété, lorsque le vendeur n'était pas propriétaire. Ces deux articles sont renvoyés à la section pour être rédigés, dans ce sens.

De tout ce qui précède, je conclus que le conseil d'État avait admis le principe de la transcription tel que l'entendait M. Treilhard, et que le renvoi des art. 91 et 92 à la section avait pour but d'en modifier la forme, non le fonds.

Qu'advint-il de ce renvoi ? L'art. 91 du projet disparut, et nous voyons dans Locré (t. XVI, p. 336) cette mention. :

« Nota : Cet article a été retranché par suite de « la discussion qui a eu lieu dans la séance du 10 « ventôse an XII. »

Quant à l'art. 92, il fut modifié et forme aujourd'hui le deuxième alinéa de l'art. 2182 de notre Code : « Le vendeur ne transmet à l'acquéreur que « la propriété, et les droits qu'il avait lui-même « sur la chose vendue ; il les transmet sous l'affec- « tation des mêmes priviléges et hypothèques dont « il était chargé. »

Comment expliquer la disparition de l'art. 91 ? M. Troplong dans la préface à son Traité des privilèges et hypothèques émet l'opinion suivante : « L'article proposé ne reparut plus, dit-il, par un « retranchement fort difficile à expliquer. Car au- « cune résolution précise du conseil d'État ne le « proscrivit. Ainsi donc l'une des plus grandes « questions du régime hypothécaire fut emportée à « la faveur d'une omission non motivée, peut-être « par suite d'un malentendu ou d'un escamotage. »

Pour moi, j'ai peine à croire à un escamotage ; je préfère sur ce point adopter l'opinion de M. Duverdy (*Revue de droit français et étranger*. t. I, p. 108.) L'honorable auteur affirme que l'art. 91 a été non pas escamoté, mais bien retranché. Par qui ? Par la section de législation elle-même ; la section avait en effet le droit de modifier entre deux séances le projet qu'elle présentait au conseil d'État. Cette affirmation concorde parfaitement avec l'annotation mise par M. Locré au bas du texte de l'article retranché. Mais peut-on se demander pourquoi la section de législation a-t-elle retranché l'art. 91 ? Sur ce point, M. Duverdy me paraît en dehors de la vérité. Il pense que la section de législation a retranché l'art. 91, parce qu'il y avait incompatibilité entre le régime de la transcription et les résolutions prises par le conseil d'État à l'issue de la séance du 10 ventôse an XII. Telle n'est pas notre opinion. Nous croyons en effet qu'en principe le conseil d'État avait admis la transcription. Si la section de législation a supprimé l'art. 91 c'est pour être tombée dans le même cercle vicieux que M. de Malleville au conseil d'État et M. Duverdy lui-même dans son étude et avoir donné à l'art. 711 du Code un sens absolu qu'il n'a certainement pas quand il s'agit d'immeubles.

Quelque soit du reste le motif de la suppression de l'art. 91 du projet, le résultat final est celui-ci : notre code ne renferme aujourd'hui aucune disposition formelle dans le sens soit de l'abrogation, soit du maintien de la loi du 11 brumaire an VII et du régime de la transcription.

La conséquence de ce silence du code est facile à saisir. Deux systèmes se formèrent sur la question de savoir si la transcription devait être ou non considérée comme maintenue sous l'empire du code.

Le premier système, soutenu par MM. Jourdan, Blondeau, Bonjean, Hureaux et Pont, répond par l'affirmative. Voici les raisons qu'il allègue :

1º La loi du 11 brumaire an VII exigeait la transcription de tous actes translatifs de propriété immobilière ; cette loi était en vigueur lors de la promulgation du code. Aucune disposition soit expresse, soit tacite du code ne l'abroge. Elle continue donc de subsister et la transcription avec elle.

2º Bien plus le code lui-même suppose indirectement le maintien de la transcription. Nombre de ses articles en effet, sont de véritables énigmes si l'on conclut dans le sens de l'abrogation de cette formalité. L'art. 2181 n'exige-t-il pas la transcription de tous les actes translatifs de propriété immobilière ? Ne lisons-nous pas dans l'art. 2189. : « L'acquéreur... qui conserve l'immeuble mis aux enchères, en se rendant dernier enchérisseur, n'est pas tenu de faire transcrire le jugement d'adjudication. » Ne voit-on pas que l'art. 2189 contient une décision de faveur, et ne doit-on pas en conclure qu'en dehors du cas particulier visé par l'article l'acquéreur d'immeuble doit faire transcrire son contrat d'acquisition ? Enfin l'art. 2198 ne semble-t-il pas affirmer le maintien de la transcription ?

3° Penser que le Code a aboli la transcription en thèse générale c'est le proclamer souverainement illogique. En effet, il conserve expressément la formalité de la transcription pour les actes d'aliénation à titre gratuit ; pourquoi ne l'aurait-il pas conservée pour les actes d'aliénation à titre onéreux beaucoup plus fréquents, et qu'il importe tant aux tiers de connaître ?

4° Le Code dans un titre spécial organise la publicité des hypothèques : et il n'aurait pas exigé la publicité des mutations d'immeubles ? Une telle anomalie est impossible à concevoir. Il m'importe certes beaucoup à moi, prêteur sur hypothèque, de pouvoir m'assurer si les immeubles de mon débiteur m'offrent un gage suffisant : mais ce qui m'importe surtout c'est d'être sûr que les immeubles, que je crois appartenir à mon débiteur lui appartiennent réellement.

Le deuxième système, qui est je crois le mieux fondé en droit répond à ces raisons de la manière suivante.

1° La loi du 11 brumaire an VII est abrogée. En effet la loi du 30 ventôse an XII porte dans son art. 7 et dernier : « A compter du jour où ces lois « sont exécutoires les lois romaines, les ordonnances, « les coutumes générales ou locales, les statuts, les « règlements cessent d'avoir force de loi générale ou

« particulière dans les matières qui sont l'objet des
« dites lois composant le présent Code. » Or la loi du
11 brumaire an VII était une loi sur le régime hypothécaire et notre Code a un titre entier consacré
aux hypothèques.

2° Certains articles du Code semblent en effet supposer le maintien de la transcription : mais ce sont
des vestiges de la législation ancienne dont le législateur nouveau n'a pas complètement déblayé le sol
juridique. Ne trouve-t-on pas dans notre Code des
articles qui sembleraient exiger la tradition pour
le transfert de la propriété immobilière? Cependant
qui donc aujourd'hui soutiendrait cette nécessité?

3° De la nécessité de la transcription pour les
aliénations à titre gratuit on ne saurait conclure
à la même nécessité pour les actes d'aliénation à
titre onéreux. Ces deux sortes d'aliénation ont
toujours été régies par des principes différents. Ne
voyons-nous pas Rome et notre vieille France qui
ne soumettaient les actes translatifs de propriété
à aucune formalité de publicité, soumettre les donations à la formalité de l'insinuation?

4° La publicité des mutations d'immeubles est
certainement désirable dans un régime de publicité
des hypothèques. Mais, on peut dire un certain
sens, la clandestinité des mutations d'immeubles est infiniment moins redoutable que la clandestinité des hypothèques. Il arrivera souvent en
effet qu'un propriétaire hypothèquera son immeuble à plusieurs personnes; il arrivera assez rare-

ment qu'un non-propriétaire hypothèquera le bien qui n'est plus à lui.

5º Enfin un argument qui me semble décisif est celui que l'on peut tirer de l'art. 834 du Code de procédure civile. Cet article en effet étend au-delà des limites fixées par le Code civil le droit pour les créanciers hypothécaires du chef de l'aliénateur de faire inscrire leurs hypothèques, en leur permettant de prendre encore inscription après l'aliénation jusqu'à la trancription du contrat et même pendant la quinzaine qui suit cette transcription, mais, ce qui est à remarquer, accorde cette faculté seulement aux créanciers ayant hypothèque antérieurement à l'aliénation. Donc en dehors du cas spécial visé par l'art 834 du Code de procédure l'aliénation non transcrite est opposable aux tiers.

Donc, sous l'empire du Code, contrairement à la loi de Brumaire an VII, dès que le contrat de vente est intervenu, il y a transport de la propriété de l'aliénateur à l'acquéreur et cela *erga omnes* sans qu'il y ait à distinguer entre les parties contractantes et les tiers.

DEUXIÈME PARTIE.

DES MEUBLES.

Nous avons étudié les principes de notre Code sur la transmission de la propriété immobilière par l'effet des conventions. Posons maintenant une hypothèse différente : au lieu d'un acte de vente d'immeuble supposons un acte de vente de meuble et demandons-nous à quel moment la propriété du meuble passera du vendeur à l'acheteur.

Ferons-nous comme pour les aliénations d'immeubles une distinction entre les parties contractantes et les tiers? En un mot les articles 711 et et 1138, dont l'effet relativement aux aliénations d'immeubles n'était que relatif dans la pensée des rédacteurs du Code, ont-ils oui ou non un sens absolu pour les aliénations de meubles?

De prime abord il semble que les articles 711 et 1138 doivent avoir sur le point qui nous occupe un sens général, conforme à la généralité de leurs expressions. En effet, quel est le but de ces articles 711 et 1138 : Supprimer l'antique différence entre le *modus acquirendi* et le *titulus ad acquirendum* et attacher dorénavant au seul consentement les effets que produisait dans notre ancien droit la tradition feinte. Or, comment avant la promulgation du Code se transmettait la propriété des meubles ? Par la tradition *erga omnes* et cette tradition pouvait être soit réelle, soit feinte. Le simple consentement qui sous l'empire du Code renferme tradition feinte doit donc suffire pour transmettre la propriété d'un meuble *erga omnes*.

D'éminents jurisconsultes ont néanmoins soutenu que le Code en matière de meubles distinguait les parties contractantes et les tiers. Pour construire ce système ils se sont appuyés sur l'art. 1141 du Code.

Cet article est ainsi conçu : « Si la chose qu'on « s'est obligé de donner ou de livrer à deux person- « nes successivement est purement mobilière, celle « des deux qui en a été mise en possessession réelle « est préférée, et en demeure propriétaire, encore « que son titre soit postérieur en date, pourvu tou- « tefois que la possession soit de bonne foi. »

Cet article est assez mal rédigé. Néanmoins l'hy- pothèse qu'il a en vue se dégage assez facilement. Primus vend à Secundus un cheval; puis le revend à Tertius. Il y a conflit sur la propriété du cheval entre Secundus et Tertius. Que décide l'article? Il contient soit explicitement, soit implicitement quatre idées :

1° Ni Secundus, ni Tertius ne sont en posses- sion du cheval. Le premier acquéreur, Secundus, l'emporte alors sur le deuxième, Tertius;

2° Secundus est en possession réelle du cheval. Il triomphe comme dans l'espèce précédente;

3° Tertius est en possession réelle du cheval. Bien que son titre d'acquisition soit postérieur en date, il est préféré;

4° (Idée qui n'est que la restriction de la troi- sième.) Si la possession de Tertius est de mauvaise foi; Tertius cède devant Secundus.

Dans un premier système, voici comment on ex- plique cet article :

La propriété des meubles est transférée entre les

parties par le seul consentement. A l'égard des tiers elle ne l'est que par la tradition réelle.

La tradition joue pour les ventes de meubles le même rôle que sous la loi du 11 brumaire an VII, jouait la transcription pour les aliénations d'immeubles. Il y a, en effet, un parallélisme complet entre la tradition exigée par l'article 1141 pour les meubles, et la transcription de la loi de Brumaire. Supposons en effet que Primus au lieu d'avoir vendu successivement à Secundus et à Tertius son cheval, leur ait successivement vendu l'immeuble A. (La loi de brumaire, je suppose, existe) :

1º Si Secundus, pas plus que Tertius n'a fait transcrire son contrat, il aura néanmoins la préférence comme premier acheteur;

2º Si Secundus a fait transcrire le premier, même décision;

3º Si Tertius a fait transcrire avant Secundus, il sera préféré bien qu'il ne soit que deuxième acheteur.

Quant à la quatrième idée contenue dans l'article 1141, elle est facile à expliquer. On suppose qu'il y a eu collusion entre Primus vendeur et le deuxième acquéreur Tertius, et dans ce cas l'article 1141 nous dit que Secundus, premier acquéreur, est préféré à Tertius, bien que ce dernier ait reçu tradition du meuble. Cela se conçoit très-bien. En vertu de l'article 1382 du Code civil, Tertius est tenu de réparer le préjudice causé à Secundus; la restitution du meuble est la meilleure réparation que Tertius puisse fournir à Secundus. Tertius se trouve donc soumis par son dol à une obligation de reconstituer la propriété du meuble sur la tête de Secundus. Or, d'après l'article 711, cette reconstitution a lieu par l'effet de l'obligation. Voilà pourquoi l'article 1141 accorde implicitement la préférence au premier acheteur Secundus.

Il n'y a pas de raison pour décider autrement en matière d'immeubles. On voit donc que sur ce point aussi il y a parallélisme entre la tradition pour les meubles et la transcription exigée pour les immeubles par la loi de brumaire.

Pénétré de ce parallélisme, le système que nous exposons décide qu'il n'y a pas lieu à l'application de la quatrième idée contenue dans l'art. 1141, si le deuxième acheteur avait simplement connaissance de la vente consentie par son vendeur Primus au premier acheteur, Secundus; si, en un mot, il n'y avait pas eu collusion frauduleuse entre Tertius et Primus.

Telle est, en effet, la doctrine généralement enseignée en ce qui concerne les aliénations immobilières. « Les tiers, nous disent MM. Aubry et Rau, « recevables à exciper du défaut de transcription « peuvent en général le faire valoir, malgré la con- « naissance de fait qu'ils auraient acquise, par des « voies quelconques de l'existence de l'acte non « transcrit. Il en serait toutefois autrement si la con- « vention qu'ils ont passée avec l'auteur de cet acte « avait été frauduleusement concertée dans le but

« d'en neutraliser ou d'en restreindre les effets. »

Voici donc le sens paraphrasé que le premier système donne à l'art 1141 : La tradition réelle est nécessaire pour transporter à l'acheteur à l'égard des tiers la propriété des meubles ; il s'ensuit qu'un deuxième acheteur qui a reçu tradition est préféré au premier acheteur qui ne l'a pas reçue. Si toutefois il y avait eu collusion frauduleuse entre le vendeur et le deuxième acheteur, le dol de ce dernier engendrerait une obligation de donner qui rendrait *ipso facto* le premier acheteur propriétaire du meuble.

Nous connaissons l'interprétation, donnée à l'article 1141 par le premier système ; voyons les raisons qu'il allègue.

1° Les motifs puissants qui militent en faveur de la transcription pour les immeubles se représentent encore avec plus d'énergie lorsqu'il s'agit de la tradition en fait de meubles. La tradition est nécessaire pour les meubles ; en effet, les meubles n'ont pas d'assiette fixe ; ils sont ambulatoires, comme la personne. C'est le seul fait de la possession qui peut révéler l'existence du droit de propriété. D'un autre côté, ne lisons-nous pas dans l'art. 2076 du Code « Le privilége ne subsiste sur « le gage qu'autant que ce gage a été mis et est resté « en la possession du créancier. » Ce qui revient à dire que les meubles ne peuvent pas être l'objet d'un droit réel qui ne serait pas rendu palpable par la possession, les meubles n'ayant pas de suite par hypothèque. Il n'y aurait donc rien d'étonnant à voir le législateur ordonner que le droit réel type, le droit de propriété, se manifeste dorénavant par la possession réelle.

2° La place même que l'art. 1141 occupe dans le Code prouve quelle était l'intention des législateurs en l'écrivant. Dans l'art. 1138, en effet, le Code règle les effets de l'obligation de livrer *inter partes*, qu'il s'agisse de l'obligation de livrer un immeuble ou un meuble. Dans l'art. 1140, il devait logiquement traiter des effets de l'obligation de livrer un immeuble à l'égard des tiers. Nous savons pourquoi la solution de cette question fut ajournée. Dans l'art. 1141 enfin le législateur expose les effets de l'obligation de livrer un meuble à l'égard des tiers. Cette marche était la seule logique et a été certainement suivie.

3° L'historique de la rédaction de l'art. 1141 prouve l'exactitude du premier système. Il montre en effet jusqu'à l'évidence la fausseté du second système (nous l'exposerons dans un instant) qui rattache l'art. 1141 à la théorie de la prescription instantanée des meubles.

Les rédacteurs du Code ont en effet presqu'entièrement emprunté l'art. 1141 à Pothier (*Traité du contrat de vente* n° 320 *in fine*). Voici ce passage de Pothier ou plutôt le sens de ce passage : d'après la loi *Quoties* au Code de Justinien la propriété appartient à celui de deux acheteurs qui a reçu la tradition, fût-il second en titre; « le premier acheteur

« n'avait qu'une action personnelle contre le ven-
« deur pour ses dommages-intérêts résultant de
« l'inexécution du contrat et il ne pourrait la ré-
« péter (la chose) contre le deuxième acheteur qui
« l'aurait achetée de bonne foi, *inscius prioris*
« *venditionis*. » Ce passage ne contient-il pas absolument les mêmes idées que notre article 1141.
De deux acheteurs successifs celui qui a reçu tradition est préféré, fut-il le deuxième en date, à
moins qu'il ne soit de mauvaise foi. Évidemment
en écrivant ce passage Pothier ne pensait pas
à la prescription instantanée des meubles ; le
deuxième acheteur qui avait reçu traditon devenait
propriétaire par ce que seule la tradition transfe-
rait la propriété.

Mais alors quelle était la pensée de Pothier, lorsqu'il paraissait subordonner à la bonne foi de celui
qui le premier avait reçu tradition le maintien de
la propriété sur sa tête?

M. Humbert (*Revue historique*, 1855, p. 464 et
suiv.) dit : « On peut faire remarquer que Pothier,
« dans un Traité de droit français, ne s'attachait
« pas à reproduire les principes du droit romain
« dans toute leur pureté. En outre, un passage du
« numéro suivant du même traité peut faire suppo-
« ser que ce jurisconsulte, par les mots *inscius*, etc.,
« entendait seulement réserver l'exercice de l'action
« Paulienne pour le cas où le vendeur frauduleux
« était déjà insolvable au moment de la seconde
« vente faite à un acheteur de mauvaise foi. Or,

« .l'action Paulienne est un bénéfice commun à
« tous les créanciers antérieurs à l'acte attaqué, il
« ne s'agit donc pas là d'une revendication propre-
« ment dite, attachée au droit exclusif du proprié-
« taire. »

Telle est la théorie qu'ont voulu reproduire les
rédacteurs du Code civil dans l'art. 1141 : seulement, ils s'en sont écartés à un point de vue. Ils
ont cru devoir abandonner toute idée d'action Paulienne; cette action, en effet, suppose, pour être
exercée, l'*eventus damni*, résultant de l'acte frauduleux, et son bénéfice est commun à tous les
créanciers ordinaires. Ils se sont donc bornés à reproduire le principe de la loi *Quoties*; le second acquéreur d'un meuble mis en possession réelle en
devient donc propriétaire. Seulement, s'il est de
mauvaise foi, son dol donne contre lui au premier
acheteur une action dont l'effet immédiat sera, en
vertu de l'art. 711, de le dépouiller de la propriété
du meuble.

On peut objecter que, si très-certainement Pothier, dans le passage plus haut cité, et les rédacteurs du Code, dans leur projet de l'art. 1141, n'a-
vaient pas en vue la prescription instantanée des
meubles, nombre des membres qui votèrent cet
article avaient cette prescription en vue. Cela résulte surabondamment des paroles du tribun Fa-
vart (Fenet, t. XIII, p. 322). « L'art. 1141, dit-il,
« est fondé sur ce que les meubles n'ont pas de
« suite et sont censés appartenir à celui qui les

« possède, s'il n'est pas prouvé que sa possession
« est fondée sur le dol, la fraude ou la mauvaise
« foi. »

A cette objection M. Huc, partisan du système
que nous exposons, répond de la manière suivante :
Il est certain que beaucoup de membres qui votèrent l'art. 1141 du Code, y virent une application
de la maxime coutumière : « en fait de meubles
« possession vaut titre. » S'ensuit-il qu'ils avaient
en vue la prescription instantanée des meubles?
Non; la maxime « en fait de meubles possession
vaut titre » ne signifie pas uniquement que, pour
les meubles, la prescription a lieu d'une manière
instantanée; elle a une autre signification bien différente : elle maintenait en effet à l'égard des tiers
la propriété sur la tête de l'aliénateur qui n'avait
pas encore fait tradition réelle, en ce sens qu'au
moyen d'une tradition réelle, cet aliénateur pouvait valablement transmettre à un tiers la propriété d'un objet mobilier déjà promis à un autre,
mais non encore livré.

Nous trouvons en effet dans Bourjon, la preuve
de cette seconde signification de la maxime : « en
fait de meubles, possession vaut titre. »

Voici en effet ce que nous apprend Bourjon :

« La vente des meubles faite sans déplacement
« est nulle à l'égard des créanciers du vendeur; de là
« il s'ensuit qu'ils peuvent les faire saisir et vendre
« sur leur débiteur qui en est resté en possession.
« Telle est la conséquence qui résulte du principe

« (qu'en fait de meubles possession vaut titre), et
« qui est adoptée au Châtelet.

« Cela est fondé sur la maxime ci-dessus dite,
maxime générale que rien ne dérange ici. »

Dans un autre passage il est encore plus explicite.

« Le principe fondamental en matière de reven-
« dication de meubles, dit-il, est qu'à leur égard,
« la possession d'iceux vaut titre de propriété ; ainsi
« le déplacement y est bien important. De là il
« s'ensuit, que chacun est présumé propriétaire des
« meubles qu'il possède, et que par conséquent, ils
« peuvent être valablement saisis et exécutés sur
« celui qui les possède..... Du même principe il s'en-
« suit, qu'un contrat de vente quoique authentique,
« mais sans déplacement des meubles, est insuffi-
« sant pour fonder en faveur de l'acheteur une de-
« mande en revendication, et que la saisie sur le
« vendeur de tels meubles, quoique vendus par le
« possesseur, mais sans déplacement, est bonne,
« encore que le contrat de vente soit antérieur à
« icelle. En effet, cessant cette juste rigueur, les
« débiteurs mal intentionnés seraient maîtres de
« mettre leurs meubles à couvert de la poursuite de
« leurs créanciers. »

Dans ces passsages, Bourjon examine la question
de savoir si la propriété qui entre les parties a pu
être transférée au moyen d'une simple clause insé
rée dans l'acte de vente l'aura été pareillement à l'é-
gard de tous autres intéressés, et il décide que non,
par application de la maxime : en fait de meubles

possession vaut titre. Or, si la maxime ainsi appliquée a pour conséquence de rendre la tradition nécessaire à l'égard des créanciers ordinaires (conséquence du reste que le texte même de l'art. 1141 repousse formellement aujourd'hui), à plus forte raison a-t-elle pour effet de l'exiger à l'égard d'un deuxième acheteur.

L'opinion du système défendu par M. Huc, concorderait, d'après ce jurisconsulte, parfaitement avec la maxime : en fait de meubles possession vaut titre (deuxième sens.)

Mais en fait, l'art. 1141 doit-il être rattaché à ce deuxième sens de la maxime coutumière? L'affirmative ressort clairement des paroles suivantes prononcées par l'orateur du Tribunat Goupil-Préfeln, en présentant le vœu d'adoption: «Les meu « bles se transmettent par la seule tradition ; ainsi « en fait de meubles, tradition vaut titre. »

Nous connaissons maintenant le premier sytème qui outre M. Huc, est défendu par MM. Troplong et Toullier. Passons à l'exposition du deuxième système, qui est appuyé par la majorité des auteurs.

Ce deuxième système, qui est celui que je crois devoir adopter, voit dans les art. 711 et 1138 un principe applicable d'une manière générale aux aliénations de meubles, *inter partes*, et à l'égard des tiers. Dès que le contrat de vente est intervenu entre le vendeur et l'acheteur, la propriété du meuble passe à ce dernier *erga omnes*, sans qu'il y ait besoin pour consommer ce transport de propriété de tradition réelle.

Dans ce système, voici l'explication que l'on donne de l'article 1141.

Primus vend successivement à Secundus et à Tertius son cheval. La première vente intervenue entre Primus à Secundus a transporté à ce dernier l'absolue propriété du cheval. La deuxième vente intervenue entre Primus et Tertius est une vente *a non domino*, elle ne saurait donc transporter la propriété à Tertius. Mais si nous supposons Tertius de bonne foi, il est *in causa usucapiendi ;* en vertu de la règle : en fait de meubles, possession vaut titre, sanctionnée par l'art. 2279 de notre Code, l'usucapion des meubles s'accomplit d'une manière instantanée. Lors donc que Tertius se trouve *in causa usucapiendi*, il devient *ipso facto* propriétaire. D'où la décision de l'art. 1141.

Cette explication de l'art. 1141, a le mérite d'être infiniment plus simple que ne l'est l'interprétation du premier système Conçoit-on, en effet, qu'un article aussi simple en apparence que l'article 1141, puisse renfermer, ou plutôt sous-entendre les idées subtiles par lesquelles passe le premier système. Peut-on, en outre, contrairement à l'opinion reçue, comprendre cette reconstitution du domaine sur la tête du premier acheteur, par l'effet d'une obligation née non pas d'une convention mais d'un délit ?

D'autre part, les raisons invoquées par le premier

système ne me semblent réellement pas victo-
rieuses. Jugeons-en :

1º Les motifs qui militent en faveur de la transcription pour les immeubles militent encore davantage en faveur de la tradition pour les meubles. —
Je ne saurais partager cet avis : la publicité des
mutations d'immeubles est surtout exigée comme
base d'un bon système hypothécaire ; pour les aliénations de meubles nous n'avons plus le même
motif d'en désirer la publicité ; les meubles n'ont
pas de suite par hypothèque. Les seuls intérêts à
sauvegarder en matière de meubles sont ceux d'un
deuxième acquéreur. La loi par l'art. 2279 y pour-
voit suffisamment. En effet de deux chose l'une,
ou lors du contrat de vente le vendeur était en possession de l'objet mobilier vendu, ou bien il ne
l'était pas. Dans ce deuxième cas, le deuxième
acheteur n'a qu'à ne pas traiter. S'il traite il est
imprudent ; et suivant le brocart connu « jura vigilantibus subveniun, non dormientibus. » Dans
le premier cas, au contraire, il peut traiter avec
toute sécurité pourvu qu'il exige sa mise en possession réelle immédiate : en effet, si la vente lui
est faite *a domino*, il deviendra propriétaire par la
vente : si au contraire la vente émane *a non domino*,
notre acquéreur, pourvu qu'il soit de bonne foi,
deviendra propriétaire par l'effet de la prescription
instantanée.

2º Le système que je combats invoque comme
argument la place qu'occupe l'art. 1141 dans le

Code. Cet argument n'est guère concluant. L'article 1138 avait posé le principe de la transmission de la propriété par l'effet des conventions. L'article 1140 réservait une question délicate qui au point de vue des aliénations immobilières pouvait singulièrement restreindre la portée de l'art. 1138. L'art. 1141 a seulement eu pour but de poser une espèce où le principe de l'art. 1138 devait recevoir un échec. Il n'est nullement certain que la disposition de l'art. 1141 devait porter à l'art. 1138 une dérogation de même espèce que celle qui pouvait résulter de l'ajournement indiqué par l'art. 1140.

3° L'historique de la rédaction de l'art. 1141 invoqué par les partisans du premier système semble, à mon avis se retourner contre eux. De tout cet historique je ne retiens qu'un fait : « Le même es-« prit, nous dit M. Huc, qui avait d'abord inspiré la « rédaction de l'art. 1141, ne présida pas seul à son « adoption définitive. Nous devons reconnaître en « effet que plusieurs ne l'approuvèrent que parce « qu'ils y virent une application de la maxime. *En* « *fait de meubles possession vaut titre.*

Donc de l'aveu même de M. Huc, l'art. 1141 n'est qu'une application de notre maxime coutumière. M. Huc, il est vrai, nous montre dans Bourjon que la maxime coutumière avait dans notre ancien droit deux significations, celle de l'art. 2279 du Code et une autre, et il rattache l'art. 1141 à cette autre signification. A cela je répondrai : l'article 1141 est une application de la maxime : *En fait de meubles possession vaut titre;* pour connaître le sens donné par nos législateurs à cette maxime, il faut s'en rapporter à eux-mêmes plutôt qu'à Bourjon. Il se peut fort bien que des diverses significations de la maxime une seule ait été adoptée par eux. C'est en effet, ce qui est arrivé ; ils n'ont pris de cette maxime que la prescription instantanée (art. 2279 du Code). C'est donc à la prescription instantanée et à l'art. 2279 qu'il faut se référer pour expliquer l'art. 1141 du Code civil.

Nous connaissons le sens exact de l'art. 1141 du Code. Il nous reste sur cet article à préciser quelques points de détail.

L'article 1141 ne vise que les meubles corporels.

Ceci va de soi et est vrai quelle que soit l'interprétation donnée à cet article. *Possideri possunt,* nous disent les jurisconsultes Romains, *quæ sunt corporalia.* Or la tradition et la prescription supposent la possession.

Le deuxième acheteur doit être de bonne foi. La bonne foi chez l'acheteur consiste non pas dans l'absence de toute collusion frauduleuse avec le vendeur, mais dans l'ignorance absolue de la première vente.

Une question peut ici se poser. A quel moment la bonne foi doit-elle exister chez le deuxième acheteur ?

Au moment de la vente ou bien au moment de la mise en possession ?

M. Larombière tient pour la première opinion.

« Peu importerait, dit-il, que le stipulant mis
« en possession de la chose ait connu plus tard
« les vices de son contrat, soit avant soit après la
« mise en possession. » Pour soutenir cet opinion,
M. Larombière s'appuie sur l'art. 2269 du Code
ainsi conçu : « Il suffit que la bonne foi ait existé
« au moment de l'acquisition. »

Je ne partage pas cette opinion. Je remarque
tout d'abord que l'art. 2269 doit être mis en dehors
de la discussion. Il n'a trait en effet qu'aux pres-
criptions d'immeubles. Je remarque en outre que
l'art. 1141 ne dit pas que le deuxième acheteur
doit être de bonne foi ; il dit simplement que la
possession du deuxième acheteur doit être de
bonne foi ce qui revient à dire, je crois, que le
deuxième acheteur doit être de bonne foi au moment où il commence à posséder.

L'art. 1141 exige en outre que l'acheteur ait été
mis en possession réelle. Quand donc le deuxième
acheteur sera-t-il considéré comme mis en possession réelle ? C'est, je crois, une question d'apprécia-
tion. Peut-être pourrait-on dire qu'on doit entendre
par possession réelle toute possession palpable,
évidente, telle, en un mot, qu'un troisième acheteur,
qui viendrait traiter avec le vendeur primitif de
l'achat du même meuble puisse se dire, Primus
ne doit pas être propriétaire du meuble qu'il me
vend ; car, aux yeux de tous, c'est Tertius qui en est
le possesseur.

CHAPITRE III.

EXCEPTIONS AUX PRINCIPES DU CODE CIVIL SUR LA TRANSMISSION DE LA PROPRIÉTÉ.

Les principes du Code civil sur la transmission de la propriété par l'effet des conventions peuvent se ramener aux deux règles suivantes : Première règle. La convention transfère la propriété *inter partes*. Deuxième règle, elle la transfère à l'égard des tiers. Nous allons, dans ce chapitre, étudier sous chaque règle les exceptions qu'elle comporte.

PREMIÈRE RÈGLE. — *La propriété inter partes se transfère par la convention.*

EXCEPTIONS.

A. Pour que notre première règle soit applicable, il faut que l'objet vendu (je prends la vente comme type des conventions de donner) soit un corps certain; c'est-à-dire un objet individuellement déterminé de telle sorte qu'il ne puisse être confondu avec aucun autre. Primus vend à Secundus son cheval blanc, et Primus n'a qu'un cheval de cette couleur; le cheval blanc est déterminé individuellement et par conséquent est un corps certain. Primus, supposons-le maintenant, vend à Secundus un cheval blanc, l'objet vendu n'est pas déterminé individuellement, car il y a dans la création beaucoup de chevaux blancs. Dans la première hypothèse, vente d'un corps certain, le cheval blanc est, par le seul effet du consentement. acquis à Secundus. Dans la deuxième hypothèse au contraire, le cheval blanc, corps indéterminé, reste la propriété de Primus.

Cette exception est fondée sur la nature des choses.

En effet, que suppose, dans la région des volontés, toute transmission de propriété entre-vifs? L'abdication de l'*animus domini* par l'aliénateur; le revêtement de l'esprit de maître par l'acquéreur. On ne saurait comprendre un *animus domini* portant sur un objet indéterminé. L'*animus domini* suppose, en effet la connaissance, et l'on ne connaît pas un objet indéterminé.

Notre exception, en outre, résulte de divers articles du Code. Nous lisons en effet, dans l'art. 1585. « Lorsque des marchandises ne sont pas « vendues en bloc mais au poids, au compte ou à la « mesure, la vente n'est point parfaite en ce sens que « les choses vendues sont aux risques du vendeur « jusqu'à ce qu'elles soient pesées, comptées ou me-« surées... » Mon intention n'est pas d'expliquer l'article 1585. Je dégage seulement une hypothèse qui y est certainement comprise : Primus vend à Secundus cent hectolitres de blé. L'article nous dit que le blé sera aux risques de Primus jusqu'au mesurage. Or, d'après l'article 1138, les risques sont pour le propriétaire. Donc, Primus est resté propriétaire du blé. Pourquoi ? L'hypothèse que nous avons supposée était celle d'une vente d'un objet indéterminé.

L'art. 1246 peut aussi être invoqué ici. Il décide que le débiteur d'un corps certain n'est pas tenu pour se libérer de son engagement, de le donner de la meilleure espèce, mais qu'il ne peut l'offrir de la plus mauvaise.

B. Nous trouvons une deuxième exception à notre première règle en matière de donations. Contrairement au sens apparent de l'art. 938 du Code, la propriété ne passe pas par le seul consentement du donateur au donataire. L'article 931 nous dit en effet : « Tous actes portant donation entre-vifs seront « passés par devant notaire dans la forme ordinaire « des contrats, et il en restera minute, à peine de « nullité. » La donation appartient en effet à la classe restreinte des contrats solennels et est soumise à certaines formes réglées par les lois du 28 ventôse an XI et du 21 juin 1843. La sanction de l'inobservation de ces formalités est la nullité de la donation ; il en résulte que dans ce cas la donation étant nulle, n'a aucun effet et ne saurait transporter la propriété des objets donnés.

Bien plus pour que la donation soit valable il

faut, si elle comprend des objets mobiliers, qu'un état estimatif desdits objets, signé du donateur et du donataire soit annexé à l'acte de donation (art. 948 du Code).

Quel est le motif de cette exigence de la loi : quelle est son origine ? Son origine et son motif tout à la fois se tirent de l'ancienne maxime : *donner et retenir ne vaut*. Parmi les anciens jurisconsultes, les uns portaient si loin le scrupule de cette règle qu'ils considéraient la tradition réelle et effective de la chose donnée omme une condition *sine qua non* de la validité de la donation. D'autres jurisconsultes se contentaient de la tradition feinte. Ricard approuvait cette dernière opinion. Restait une objection : Primus a donné à Secundus tout son mobilier et lui en a fait tradition feinte, c'est-à-dire en définitive en est resté en possession corporelle. Rien ne l'empêche de détourner tout ou partie de son mobilier et de révoquer ainsi en partie la donation *nuda voluntate*. Ricard alors pour parer à cet inconvénient proposa de joindre à la donation une énumération individuelle des meubles y compris. L'ordonnance de 1731 sanctionna la décision de Ricard. — Vint le Code, Il adopta la maxime : donner et retenir ne. vaut; il adopta également l'idée de Ricard; seulement dans le but de fortifier encore davantage la maxime coutumière, il remplaça l'état énumératif par un état estimatif des meubles.

Les deux exceptions que nous venons de constater à notre première règle sont aussi des exceptions à la deuxième. En effet la propriété qui n'est pas transférée *inter partes* ne saurait l'être *a fortiori* à l'égard des tiers.

DEUXIÈME RÈGLE. — *La propriété à l'égard des tiers se transmet par la seule convention.*

EXCEPTIONS.

C. Nous lisons dans l'art. 939 du Code : « Lors- « qu'il y aura donation de biens susceptibles d'hy- « pothèques, la transcription des actes contenant « la donation et l'acceptation ainsi que la notifi- « cation de l'acceptation qui aurait eu lieu par acte « séparé, devra être faite aux bureaux des hypo- « thèques dans l'arrondissement desquels les biens « sont situés. »

Il s'ensuit de cet article que la donation d'im- meubles doit être transcrite, et de cet article encore, combiné avec l'art. 938 déjà cité, que cette trans- cription n'est pas exigée *inter partes*. Il est donc bien évident que l'art. 939 est une exception à notre deuxième règle.

Pour connaître la portée exacte de l'art. 939, il faut avant tout rechercher son esprit.

Un législateur peut exiger la publicité des dona- tions dans trois intérêts distincts.

1° *Dans un intérêt de moralité.* — On veut protéger le donateur contre des libéralités immodérées et honteuses. « Plusieurs, nous dit Ricard, sont re-« ténus de disposer de leurs biens par la considé-« ration qu'ils ne peuvent le faire sans rendre leurs « donations publiques. »

2º *Dans un intérêt de famille.* — Avant d'accepter la succession du donateur, ses héritiers seront instruits par les formalités prescrites de la diminution de son patrimoine.

3º *Dans un intérêt de crédit public.* — Les tiers qui peuvent, après la donation, contracter avec le donateur, ont intérêt à connaître la diminution du patrimoine de ce dernier. Cet intérêt se comprend surtout si l'on songe que beaucoup de donations sont faites avec réserve d'usufruit et que, dans ce cas, aucun déplacement de la possession ne vient avertir les tiers. « Les tiers, nous dit Coquille, « (*Quest. et rép. sur les articles des Cout.*), qui « les voient toujours jouissant, et la même face et « figure de patrimoine demeurer comme elle était « pourraient être trompez. »

L'insinuation romaine tenait compte de ces trois intérêts. Le donateur lui-même pouvait méconnaître la donation non insinuée.

Dans notre ancien droit français, l'insinuation n'apparaît qu'assez tard, lors de l'ordonnance de Villers-Cotterets (août 1539). Dans la suite, la publicité des donations fut l'objet de diverses ordonnances, édits et déclarations; l'ordonnance de février 1731 finit par régler définitivement l'insinuation

des donations entre-vifs. Cette ordonnance laisse de
côté l'intérêt du donateur. Elle ne s'occupe que des
héritiers du donateur et des tiers. L'insinuation
changea donc de caractère et devint une mesure
d'intérêt de famille et de crédit public. Pothier
nous dit en effet (*Introduction au titre XX de la
coutume d'Orléans*) : « Cette formalité a été ordon-
« née en faveur des tiers qui contracteraient avec
« le donateur depuis la donation afin que l'igno-
« rance en laquelle ils seraient de la donation ne
« put les induire en erreur, comme aussi en fa-
« veur des héritiers de peur que l'ignorance de la
« donation ne put les porter à accepter mal à pro-
« pos sa succession. »

Le droit intermédiaire respecta la théorie de l'insinuation. Vint la loi du 11 brumaire an VII.
Cette loi soumit à une formalité nouvelle, la transcription, tous les actes translatifs de biens et droits
immobiliers susceptibles d'hypothèques.

Les donations se trouvèrent donc soumises, savoir :

Les donations mobilières et immobilières à l'insinuation, mesure de publicité organisée dans l'intérêt de la famille et du crédit public.

Et les donations de biens susceptibles d'hypothèques à la transcription, mesure de publicité organisée dans le seul intérêt du crédit public.

Telle était la législation sur les donations lors
de la rédaction du Code civil. Le Code supprima
l'insinuation et la remplaça par la transcription

(939-942). Quelle fut la pensée des rédacteurs du Code en écrivant les articles 939-942?

Trois opinions se sont formées sur ce point :

Première opinion. — La transcription de l'article 939 n'est autre chose que l'ancienne insinuation décorée d'un nom nouveau, avec cette restriction toutefois qu'elle n'est exigée que pour les donations de biens susceptibles d'hypothèque. La transcription de l'art. 939 est donc conçue comme l'ancienne insinuation autant dans un intérêt de famille que dans l'intérêt du crédit public. Pour soutenir cette théorie, Maleville, Grenier, Delaporte invoquent les arguments suivants :

1° L'insinuation a été supprimée (cela a été reconnu au Conseil d'État), parce qu'elle devait faire double emploi avec la transcription; il s'ensuit donc que, dans la pensée des rédacteurs du Code, la transcription de l'art. 939 était calquée sur l'ancienne insinuation.

2° Dans l'exposé des motifs, M. Bigot faisait remarquer l'utilité de la transcription pour les héritiers du donateur; il s'agissait donc d'une transcription établie dans l'intérêt des héritiers.

Les deux arguments invoqués à l'appui de la première opinion n'ont aucune valeur. Réfutons-les successivement.

1° MM. Jollivet et Régnaud, aux paroles de qui les partisans de la première opinion font allusion, n'ont jamais dit que l'insinuation ancienne, si elle était conservée, et la transcription de l'article 939

devaient faire double emploi. Ils ont dit, ce qui est
bien différent, que dans nombre de cas la transcription de la loi de brumaire an VII et l'insinuation *paraissaient faire double emploi*. « Dans beau-
« coup de départements, s'écrie M. Jollivet, on a
« été frappé de l'inutilité de l'insinuation depuis
« que la transcription est devenue indispensable...
« L'insinuation n'est donc pas d'un usage univer-
« sel, tandis que la transcription a lieu sur tous les
« points de la République. » M. Regnaud ajoute
que « les registres d'insinuation n'ont été établis
« que parce que ceux des hypothèques étaient se-
« crets, qu'ils sont donc inutiles aujourd'hui. » (Locré, t. XI, p. 211 et suiv.)

2° Le deuxième argument invoqué par la première opinion repose également sur une inexactitude. La phrase même de M. Bigot prouve que ce
dernier n'entendait pas parler de la transcription
nouvelle, mais de la transcription exigée par la loi
de brumaire « quant aux héritiers, dit M. Bigot,
« l'inventaire leur fera connaître par les titres de
« propriété quels sont les biens, et, dans l'état
« actuel des choses. il n'est aucun héritier qui,
« ayant le moindre doute, ne commence par véri-
« fier sur les registres quelles sont les aliéna-
« tions. »

Deuxième opinion. — Toullier et M. Vazeille en-
seignent que l'insinuation ayant été remplacée par
la transcription on ne peut plus invoquer en rien
les effets de la première; que jusqu'à la promulga-

tion du titre des hypothèques la transcription imposée aux donations immobilières par l'art. 939 a été celle de la loi de brumaire, mais que la loi de brumaire ayant été abrogée par le Code, c'est aujourd'hui la transcription du Code qu'il faut suivre : la transcription ne serait donc nécessaire dans les donations comme dans les autres contrats que pour parvenir à la purge des hypothèques et empêcher l'inscription d'hypothèques consenties antérieurement à la donation par le donateur sur l'immeuble donné (art. 834, Code de procéd.). En conséquence la propriété des objets donnés est transférée *erga omnes* par le seul consentement, que ces objets soient mobiliers ou immobiliers.

Ce raisonnement spécieux est facile à réfuter. La transcription a bien été empruntée à la loi de brumaire, mais ne devait pas fatalement suivre le sort de cette loi. En effet comment auraient agi les rédacteurs du Code s'ils avaient entendu lier le sort de la transcription des donations au sort de la loi de brumaire. Ils ne se seraient certes pas donné la peine d'écrire nos articles 939, 940, 941, 942. Ils auraient pour les donations d'immeubles réservé la question de publicité, comme ils l'ont fait pour les aliénations d'immeubles à titre onéreux par l'article 1140. La donation n'est-elle pas, en effet, une convention de donner? Quelle a été la pensée des législateurs en écrivant nos quatre articles? La voici selon moi : la publicité des donations existait même dans notre ancien droit où rien ne venait révéler aux tiers les aliénations d'immeubles à titre onéreux ; établissons nous aussi la publicité des donations ; seulement des deux formalités de publicité exigées dans le droit intermédiaire ne gardons que la transcription. Si pour les aliénations à titre onéreux nous maintenons la loi de brumaire notre législation aura le mérite d'être homogène ; si au contraire nous rejetons la loi de brumaire, cette transcription exigée dans notre Code pour les seules aliénations d'immeubles à titre gratuit ne fera pas plus disparate avec l'ensemble de notre législation que ne le faisait dans le droit romain et notre vieille jurisprudence l'insinuation prescrite pour les seules donations.

La preuve de cette volonté des rédacteurs du Code résulte du reste clairement de la discussion de notre article 939. Nous y trouvons, en effet, que rien par l'adoption de cet article n'était préjugé sur le système hypothécaire qui n'était pas en cause ni sur la loi de brumaire. Dire que l'art. 939 ne préjugeait rien sur la loi de brumaire, n'était-ce pas affirmer en toutes lettres que le sort ultérieur de cet article ne saurait dépendre du sort ultérieur de la loi de brumaire.

Troisième opinion. — D'après cette opinion, qui me semble seule acceptable, les législateurs ont entendu purement et simplement des deux mesures de publicité exigées par le droit intermédiaire, la transcription et l'insinuation, supprimer cette dernière et conserver la première avec son caractère propre et ses effets indiqués dans la loi de brumaire, que du reste la loi de brumaire dût par la suite être maintenue ou abrogée. Il s'ensuit que la transcription des donations a été exigée non tout à la fois dans un intérêt de famille et dans un intérêt de crédit public, mais dans ce seul et dernier intérêt. Il s'ensuit, en outre que l'art. 939 doit être interprété par la loi de brumaire; de même les articles 940, 941, 942.

Cette dernière conséquence est niée par M. Demolombe. Le Code, dit-il, a bien emprunté à la loi de brumaire la formalité de la transcription. Mais l'article 939 crée une transcription *sui generis* et ne doit pas être interprété par la loi de brumaire. La preuve en est le texte même de l'article qui ne renvoie pas à la loi de brumaire. Je répondrai seulement à cette objection que l'article n'a pas renvoyé purement et simplement à la loi de brumaire parce qu'il ne préjugeait pas le maintien ou le rejet de cette loi, et que dans la pensée des rédacteurs son sort ne pouvait dépendre du sort de la loi de brumaire. Je crois donc que nos quatre articles doivent être interprétés au moyen de la loi de brumaire et que la transcription de l'art. 939 n'est autre que la transcription de la loi de brumaire, transportée dans le Code pour un cas particulier. Il me semblerait étrange en effet que des législateurs eussent emprunté à une loi les formalités et le but de la transcription sans se référer à cette loi elle-même pour l'interprétation de leurs décisions.

Nous connaissons la nature de la transcription exigée par l'article 939. Lorsqu'une donation immobilière n'a pas été transcrite qu'arrive-t-il? L'article 941 répond à cette question : « 1° Le défaut de « transcription pourra être opposé par toutes personnes ayant intérêt, excepté toutefois celles qui « sont chargées de faire faire la transcription ou « leurs ayant cause et le donateur. »

Je vais d'abord dégager de cet article les points certains, et traiterai ensuite les questions controversées :

Rentrent certainement dans la règle posée par l'article 941 tous ceux qui, à titre onéreux, ont entre la donation et la transcription acquis du donateur un droit réel sur l'immeuble donné. Ces tiers acquéreurs doivent être maintenus dans le droit à eux concédé, lors même qu'il est établi qu'ils ont eu par d'autres voies connaissance de la donation. Car la donation non transcrite est présumée ignorée d'eux, et nulle preuve contraire n'est admise contre une présomption sur le fondement de laquelle la loi dénie l'action en justice (art. 1352.) On peut, du reste, invoquer en ce sens l'article 1071 du Code.

Rentrent certainement dans l'exception posée par l'article 941 *in fine* :

1° Les personnes qui sont obligées de faire transcrire la donation et n'ont pas rempli ce devoir ; bien qu'ayant intérêt à la nullité de la donation ces personnes ne peuvent pas opposer le défaut de transcription. Les personnes obligées de faire transcrire la donation sont le mari administrateur des biens de sa femme donataire, le tuteur d'un donataire mineur ou interdit (art. 940 du Code.) Posons une espèce. Une donation est faite à un mineur. Son tuteur néglige de faire transcrire et se fait consentir par le donateur des droits réels sur l'immeuble donné. Le tuteur ne pourra opposer au mineur le défaut de transcription de la donation. Cette décision est très-équitable, car : *nemo ex suo delicto meliorem conditionem suam facere potest.*

2° Les ayants cause des personnes chargées de requérir la donation. Pour les ayant cause à titre universel et ayant cause universels de la personne chargée de requérir la transcription, cette décision est parfaitement équitable : l'héritier succède en effet aux obligations de son auteur et est passible des mêmes exceptions que lui.

Pour les ayant cause à titre particulier, cette décision de l'article 941 se comprend moins. Néanmoins la loi est formelle et vise même les ayant cause à titre particulier.

3° Le donateur. Il est garant en effet de l'éviction qui provient de son fait. Or, « quem de evictione tenet actio, eumdem agentem repellit exceptio. »

Nous arrivons anx questions controversées :

Première question. Les héritiers du donateur peuvent-ils opposer le défaut de transcription ?

Des jurisconsultes fort éminents tiennent pour l'affirmative. Voici leurs arguments :

1º Les héritiers du donateur sont compris dans la règle posée par l'article 941 ; ils ont en effet intérêt à connaître la donation. Dans l'ignorance de la donation, ils accepteront peut-être une succession onéreuse. L'ont-ils acceptée? Ils ont intérêt à la nullité de la donation. De plus, les héritiers ne rentrent pas dans l'exception finale de l'article 941. Les termes de l'article le prouvent: s'il en eût été autrement au lieu de mettre le mot « ayant cause » avant le mot « donateur : » les rédacteurs l'auraient rejeté après.

2º Il est certain que sous l'empire de l'ordonnance de 1731 les héritiers pouvaient opposer au onataire le défaut d'insinuation.

L'art. 27 de cette ordonnance le prouve.

3º Notre art. 941 a entendu maintenir l'ancienne législation. Il est en effet la reproduction presque littérale de l'art. 27 de l'ordonnance.

4º C'est précisément parce que l'art. 941 accorde aux héritiers du donateur le droit d'opposer au donataire le défaut de transcription que l'art. 783 du Code ne leur permet de demander la rescision de leur acceptation que dans le cas de la découverte d'un testament inconnu, non d'une donation.

Je crois néanmoins devoir refuser aux héritiers du donateur le droit d'opposer au donataire le défaut de transcription de la donation.

1º L'argument que l'on tire de la place du mot

« ayant cause » dans l'art. 941 n'est point probant.
Il n'était pas possible, en effet, de le rejeter après
le mot « donateur » autrement l'exception eut dé-
truit la règle. Tous les concessionnaires, de droits
réels sur l'immeuble donné eussent été exclus; ils
sont tous en effet des ayants cause à titre particulier du donateur.

2º Les précédents historiques eux-mêmes ont peu
de valeur. Nous croyons en effet avoir démontré
que la transcription de l'art. 939 n'a rien de commun avec l'ancienne insinuation.

3º Il est en outre de principe dans notre droit
que l'héritier *sustinet personam defuncti*. L'ordonnance de 1731 avait fait une brèche à ce principe :
si notre art. 941 eut fait une brèche analogue il se
serait expliqué clairement comme s'expliquait l'ordonnance.

4º Enfin, argument qui me semble concluant, la
transcription des donations est la transcription de
la loi de brumaire. Or certainement sous l'empire
du droit intermédiaire les héritiers du donateur ne
pouvaient opposer au donataire le défaut de transcription; il en est de même aujourd'hui.

La preuve que la transcription n'a pas été organisée dans l'intérêt des héritiers ressort suivant
moi de cette simple remarque : si le législateur
avait eu en vue les héritiers, il aurait ordonné la
publicité des donations mobilières, aussi considé-
rables souvent que les donations immobilières et
qu'il importait autant aux héritiers de connaître.

Or le législateur n'a pas agi de la sorte. Donc il ne pensait pas du tout aux héritiers du donateur.

Deuxième question. — Un deuxième donataire qui a fait transcrire sa donation peut-il opposer à un premier donataire qui n'a pas fait transcrire, le défaut de transcription?

Pour la négative certains auteurs invoquent les art. 1070 et 1072 du Code. L'art. 1072 déclare en effet que la donation grevée de substitution est quoique non transcrite opposable à un second donataire. Il doit en être de même d'une donation non transcrite qui ne serait pas grevée de substitution.

Je crois néanmoins devoir répondre à notre question par l'affirmative.

1° En effet, le texte de l'art. 941 ne répugne pas à notre théorie; le donataire postérieur est certainement compris dans la règle posée par l'art. 941 et ne l'est pas dans l'exception formulée par le même article.

2° De plus, il est certain que dans le droit intermédiaire un deuxième donataire qui avait transcrit pouvait opposer à un premier qui n'avait pas transcrit le défaut de transcription. « On ne peut « douter, nous dit Merlin (*Question de droit,* « V° *Transcription* § 6 n° 3) que la loi du 11 bru- « maire an VII elle-même entendit préférer un « deuxième donataire dont le titre serait transcrit à « un premier donataire qui n'aurait pas fait revêtir « le sien de la formalité de la transcription. »

Cette raison me semble tout à fait décisive la transcription des art. 939-942 étant pour moi la transcription de la loi de brumaire.

3º Enfin l'argument tiré de l'art. 1072 ne me semble aucunement probant. En effet, cet art. 1072 existait dans notre ancien droit; il est en effet la reproduction de l'art. 34 de l'ordonnance de 1747. Nous savons d'un autre côté qu'aux termes de l'art. 27 de l'ordonnance de 1731 les donataires postérieurs pouvaient invoquer à l'encontre des donataires antérieurs le défaut d'insinuation de la donation. Jamais on ne vit dans l'art. 27 de l'ordonnance de 1731 qui permettait au donataire postérieur d'opposer le défaut d'insinuation de la donation simple une contradiction avec l'article 34 de l'ordonnance de 1747 qui défendait au donataire postérieur d'opposer le défaut d'insinuation des substitutions. Pourquoi alors y aurait-il antinomie entre l'art. 941 tel que je l'entends, et l'art. 1072? Et en effet, il n'y a pas antinomie. L'article 1072 réglemente la publicité des substitutions non des donations. Ne peut-on pas supposer qu'une donation grevée de substitution soit valablement transcrite comme donation et ne le soit pas comme substitution; il peut arriver par exemple, que la transcription qui relate la donation, ne rapporte pas la clause, qui grève de substitution les biens donnés. L'art. 1072 déclare que dans ce cas un deuxième donataire ne pourrait opposer le défaut de transcription de la substitution. Et en effet quel intérêt aurait ce second donataire, puisque par rapport aux tiers la donation est devenue valable comme donation par la transcription qui en a été faite.

Troisième question. — Un légataire à titre particulier du donateur peut-il opposer le défaut de transcription.

La négative me semble évidente. En effet, sous l'empire du droit intermédiaire, un légataire à titre particulier n'aurait pas eu ce droit, il ne doit pas l'avoir d'avantage aujourd'hui.

Quatrième question. — Les créanciers chirographaires du donateur peuvent-ils opposer le défaut de transcription ?

Cette question, je le sais, est généralement résolue dans le sens de l'affirmative. Ils sont, évidemment dit-on, compris dans la règle de l'art. 941, et ne le sont pas dans l'exception.

Je crois devoir me prononcer cependant en sens contraire de la doctrine et de la jurisprudence.

Voici mes raisons :

1° L'art. 941 doit être interprété par la loi de brumaire. Or, sous la loi de brumaire, très-certainement les créanciers chirographaires du donateur, ne pouvaient se prévaloir du défaut de transcription de la donation.

2° L'art. 941 n'est en outre que la mise en exercice du principe posé par l'art. 939. Or, l'art. 939 n'exige la transcription que pour la donation de biens susceptibles d'hypothèques. Si la transcription était organisée dans l'intérêt des créanciers chirographaires, pourquoi cette restriction aux biens susceptibles d'hypothèques ; c'est-à-dire à ceux qui, en définitive, sont moins que tous autres le gage des créanciers chirographaires. L'intérêt bien entendu des créanciers chirographaires aurait dû faire exiger la transcription des donations mobilières surtout. L'article 939 prouve, selon moi, que le législateur en édictant la transcription des donations de biens susceptibles d'hypothèques, n'a aucunement eu en vue les créanciers chirographaires.

3° Les créanciers chirographaires n'ont aucun droit propre sur les biens de leur débiteur. Ils n'ont de droits que de son chef. Or leur débiteur a dès l'instant de la donation cessé d'être propriétaire de l'immeuble donné, et il ne saurait opposer au donataire le défaut de transcription de la donation. Les créanciers chirographaires ne sauraient non plus l'opposer.

4° Enfin les créanciers chirographaires ont suivi la foi de leur débiteur et sont censés avoir approuvé d'avance tous ses actes non frauduleux.

Nous connaissons la portée exacte de notre exception C.

On pourrait d'une manière générale faire à notre système, sur la portée de cette exception, l'objection suivante. Une loi (que nous étudierons dans un instant), la loi du 23 mars 1855, a rétabli pour les aliénations d'immeubles à titre onéreux la formalité de la transcription; que le Code civil n'avait conservée que pour les aliénations d'immeubles à titre gratuit. Or, nous le verrons plus loin, parmi les tiers qui peuvent sous l'empire de la loi de 1855, opposer aux acquéreurs à titre onéreux le défaut de transcription, se trouvent ceux, qui d'après nous, dans les espèces du moins, que nous avons parcourues peuvent, d'après l'art. 941 du Code, opposer au donataire d'immeubles, le défaut de transcription de la donation. Que nous dit cependant, l'art. 11, § *ult.* de la loi de 1855 : « Il n'est point « dérogé aux dispositions du Code Napoléon, rela- « tives à la transcription des actes portant donation « ou contenant des dispositions à charge de rendre ; « elles continueront à recevoir leur exécution. » Quel intérêt peut-il y avoir à dire que la transcription des donations est régie par le Code et non par la loi de 1855, puisque tous ceux qui peuvent invoquer l'article 941, peuvent invoquer la loi de 1855 ? Pour donner un sens à l'art. 11 de la loi de 1855, il faut nécessairement supposer que certaines personnes qui pourraient invoquer l'art. 941 ne pourraient invoquer la loi de 1855. Donc le système plus haut développé pêche en quelque point.

A ceci je réponds. Il est vrai qu'il doit exister quelques différences entre les tiers qui peuvent se prévaloir de l'art. 941, et ceux qui peuvent invoquer la loi de 1855. Mais à mon avis, la déduction que pourraient tirer de cette constatation nos adversaires, n'est pas parfaitement juste. En effet, pour trouver un sens à la loi de 1855, il n'est pas nécessaire que les tiers qui peuvent invoquer l'art. 941 ne

puissent pas invoquer tous la loi de 1855 ; il suffit
que les tiers qui peuvent invoquer la loi de 1855
ne puissent pas tous invoquer l'art. 941 du Code,
Et c'est ce qui arrive dans notre cas. Supposons que
Primus donateur soit depuis la donation et avant
la transcription nommé tuteur d'un mineur. Supposons maintenant que Primus vendeur soit depuis la vente et avant la transcription nommé tuteur d'un mineur. Le mineur a une hypothèque légale sur les biens de son tuteur. Pourra-t-il opposer au donataire et à l'acheteur le défaut de transcription, à l'un de la vente, à l'autre de la donation?
La transcription de la vente est régie par la loi de
1855 ; le mineur pourra opposer le défaut de transcription. La transcription de la donation est régie
par l'article 941 du Code, c'est-à-dire en définitive,
selon nous, par le loi de brumaire an VII ; le mineur,
qui n'a pas contracté avec le donateur, ne pourra
opposer au donataire le défaut de transcription.
Donc il y a intérêt à ce que la transcription des
donations reste sous l'empire du Code ; comme je le
disais en effet en commençant, les tiers qui peuvent
invoquer la loi de 1855, ne peuvent pas tous invoquer l'article 941. Cela suffit pour donner un sens
fort acceptable à l'art. 11, § *ult.* de la loi de 1855.

D. Une nouvelle exception à notre deuxième règle résulte de la loi du 23 mars 1855. J'extrais de
cette loi les dispositions qui ont trait à notre sujet.

Art. Ier. —« Sont transcrits au bureau des hypo-
« thèques de la situation des biens :

1° « Tout acte entre-vif, translatif de propriété
« immobilière ou de droits réels susceptibles d'hy-
« pothèque :

. . . .

Art. 3. — « Jusqu'à la transcription, les droits ré-
« sultant des actes et jugements énoncés aux arti-
« cles précédents ne peuvent être opposés aux
« tiers qui ont des droits sur l'immeuble et qui les
« ont conservés en se conformant aux lois.

. . . .

Art. 6. — « A partir de la transcription, les cré-
« anciers privilégiés ou ayant hypothèque, aux
« termes des articles 2123, 2127 et 2128 du Code
« Napoléon ne peuvent prendre utilement inscrip-
« tion sur le précédent propriétaire.

« Néanmoins, le vendeur ou le copartageant
« peuvent utilement inscrire les priviléges à ceux
« conférés par les articles 2108 et 2109 du Code Na-
« poléon dans les quarante-cinq jours de l'acte de
« vente ou de partage nonobstant toute transcrip-
« tion d'actes faits dans ce délai.

« Les articles 834 et 835 du Code de Procédure
« civile sont abrogés.

Art. 7. — « L'action résolutoire établie par l'ar-
« ticle 1654 du Code Napoléon ne peut être exercée
« après l'extinction du privilége du vendeur, au
« préjudice des tiers qui ont acquis des droits sur
« l'immeuble du chef de l'acquéreur et qui se sont
« conformés aux lois pour les conserver. »

Cette loi, comme on le voit, apporte aux principes du Code civil sur la transmission de la propriété par l'effet des conventions une dérogation profonde. En quoi consiste au juste cette dérogation; voilà ce qu'il nous faut rechercher tout d'abord.

Résulte-t-il de la loi du 23 mars 1855 que la mutation de la propriété immobilière à titre onéreux ne s'opère que par la transcription, non-seulement à l'égard des tiers mais encore *inter partes?* Plus spécialement le vendeur n'est-il à l'égard de l'acheteur et de ses ayant cause dessaisi de la propriété de l'immeuble vendu que par la transcription?

Un parti considérable soutient que la transcription seule dessaisit le vendeur et saisit l'acheteur.

« Pas de transcription, disait dans un rapport
« présenté à la Cour de cassation, M. Bayle-
« Mouillard conseiller à cette Cour, pas de dessai-
« sissement du vendeur. Aucun créancier de l'a-
« cheteur n'a pu acquérir utilement des droits sur
« cet immeuble dont cet acheteur n'était pas
« saisi... » (*Rép. de Devilleneuve et Carette*, 1860,
I, 608-609).

Ce système s'appuie :

1º Sur le texte même de la loi de 1855.

« Avant tout, dit encore M. Bayle-Mouillard, la
« loi de 1855 est une loi de publicité au profit du ven-
« deur. L'article premier soumet à la transcription
« tous actes translatifs de propriété immobilière.
« L'art. 3 décide que jusqu'à la transcription l'acte

« ne peut être opposé aux tiers auxquels le vendeur
« a transféré des droits sur l'immeuble. L'art. 6
« dispose qu'après la transcription les créanciers
« du vendeur ne peuvent plus inscrire ni privilége
« ni hypothèque ; mais ils l'ont pu jusque-là. De là
« il résulte bien certainement que nonobstant toute
« vente, l'ancien propriétaire n'est dessaisi, et que
« le nouveau propriétaire n'est saisi à l'egard des
« tiers que par la transcription... »

2⁰ Sur les travaux préparatoires.

Dans la discussion de l'article 6 de notre loi
(séance du Conseil d'Etat du 2 mai) M. Marchand
demande si, en supposant l'acheteur marié, l'hypothèque légale de la femme de l'acheteur, antérieure à la vente, et à la transcription par conséquent, ne frapperait pas l'immeuble vendu avant
le privilége du vendeur : M. Rouher répond :
« L'acheteur ne confère pas de droits à sa femme
« par l'acquisition qu'il a faite ; la femme est un
« tiers ; le droit vis-à-vis des tiers n'est établi que
« par la transcription ; la femme n'a pas de droits
« sur l'immeuble jusqu'au moment où la trans-
« cription est opérée : or, par l'effet même de la
« transcription le privilége du vendeur se révèle. »

M. Rouland ajoute que « le système nouveau
« a cet effet que la saisine au profit des tiers
« n'existe qu'au moyen d'un acte rendu public. »

Enfin voici comment M. Suin s'exprime dans
l'exposé des motifs : « L'effet du dessaisissement
« opéré par la transcription en double à l'égard des

« tiers suivant qu'ils tiennent du vendeur ou de
« l'acquéreur les droits qui frappent l'immeuble,
« objet du contrat..... Quant à ceux qui tiennent
« leurs droits de l'acquéreur le dessaisissement du
« vendeur ne s'opère que sous la condition de la
« conservation de son droit qui reste protégé par
« l'art. 2108 du Code Napoléon. La transcription ne
« le dessaisit qu'en lui réservant son privilége ; et
« les hypothéques même légales et ljudiciaires qui
« grévent l'acquéreur ne s'emparent de l'immeuble
« que sous la condition qui l'a fait entrer dans son
« domaine, le respect du privilége du vendeur. »

Cette doctrine ne me semble pas admissible.

Elle est contraire à la lettre et à l'esprit de la
loi de 1855. Que nous dit en effet l'art. 3.

« Jusqu'à la transcription les droits résultant
« des actes et jugements énoncés aux articles pré-
« cédents ne peuvent être opposés aux tiers qui
« ont des droits sur l'immeuble et qui les ont con-
« servés en se conformant aux lois. » Ces mots
« aux tiers », ne peuvent pas comprendre les parties
contractantes elles-mêmes : ils ne peuvent signifier
que les personnes étrangères à l'acte dont s'agit.
De plus quel est l'esprit évident de la loi de 1855 ?
La loi de 1855 en une loi de crédit : son intitulé
le prouve suffisamment : *Loi sur la transcription
en matière hypothécaire.* Il s'ensuit que le but
de la loi est de prévenir d'un acte qui, secret,
leur causerait préjudice, les tiers à ce intéressés. Or

le vendeur n'a pas besoin d'être prévenu. Qui donc en effet connaîtrait la vente si ce n'est lui ?

2° S'il est vrai que les paroles de M. M. Rouher, Rouland et Suin prêtent un grand appui à la doctrine que nous combattons, il est certain aussi que l'ensemble des travaux préparatoires la contredit d'une manière formelle.

Le législateur en effet ne veut pas changer le Code civil : « La loi nouvelle, dit M. Persil, ne contredit « pas mais complète le Code Napoléon : le Code dit « comment la vente est parfaite entre les parties et « à cet égard rien n'est changé. »

L'exposé des motifs est encore plus clair : « Il ne « s'agit pas de porter sur le Code Napoléon une « main sacrilége. Ses dispositions resteront intac- « tes, son économie entière. Nous ne vous présen- « tons que des dispositions pour ainsi dire addition- « nelles.... Compléter n'est pas détruire. »

Le législateur d'autre part veut restaurer le régime de la loi du 11 Brumaire an VII.

Nous lisons dans l'exposé des motifs : « La trans- « cription était établie par l'art. 26 de la loi du 11 « Brumaire an VII, et tout annonçait sa conserva- « tion dans le Code Napoléon.. Aujourd'hui l'ins « titution du crédit foncier, le besoin de sécurité « dans ses nombreuses opérations imposant le « devoir de revenir à cette doctrine, c'est l'objet « de l'article premier . »

3° Si le privilége du vendeur prime l'hypothèque légale de la femme de l'acheteur et les hypothèques de ses autres créanciers, cela n'implique pas, comme le laissait supposer M. Rouher, le non dessaisissement du vendeur. On peut en effet expliquer cette supériorité du privilége du vendeur sur l'hypothèque légale de la femme de l'acheteur par cette simple remarque que le privilége prime toujours l'hypothèque.

4° Enfin supposons un moment fondée la doctrine que je combats. Nous savons que l'art. 11, § *ult.* de la loi de 1855 laisse sous l'empire du Code les aliénations d'immeubles à titre gratuit. Nous nous trouverons donc en face de cette situation bizarre : la donation dessaisit le donateur de la propriété de l'immeuble donné : la vente au contraire ne dessaisit pas le vendeur de la propriété de l'immeuble vendu ; il faut en outre la transcription. Il s'ensuivrait que contrairement aux tendances de notre droit français l'acquéreur à titre gratuit serait dans une position plus avantageuse que l'acquéreur à titre onéreux. Une telle conséquence n'est pas admissible.

Aussi me crois-je autorisé à affirmer que la loi du 23 mars 1855 ne porte aucun échec aux art. 711 et 1138 du Code civil et que le vendeur est dessaisi par la vente, indépendamment de toute transcription.

Une question subsidiaire peut ici trouver sa place? Le dessaisissement du vendeur est-il complet ou seulement partiel ?

L'un de nos éminents professeurs, M. Valette, dit à ce sujet : « La vérité est que le privilége de l'aliénateur prime les hypothèques des créanciers de l'acquéreur par ce motif d'une justesse frappante que le bien n'est entré dans le patrimoine de l'acquéreur que moins le droit réel appelé privilège lequel a été retenu ou réservé par l'acquéreur.... » « Le vendeur est dans une position analogue à celle d'un aliénateur qui s'est réservé un droit d'usufruit ou de servitude... » « L'aliénation connue du public par l'examen du titre n'est qu'une aliénation partielle. »

Cette doctrine, séduisante assurément, ne me paraît pas devoir être adoptée. Pour qu'elle le fût, il faudrait avec M. Valette que l'on considérât le privilège du vendeur comme un démembrement du droit de propriété et cette assimilation ne me semble justement pas acceptable.

1° Nos anciens auteurs ne l'admettaient pas. Nous lisons en effet dans Despeisses : « Aujourd'hui « la clause de précaire n'empêche pas la translation « de propriété et n'opère qu'une hypothèque spé- « ciale et privilégiée, en vertu de laquelle le ven- « deur a le droit de faire vendre la chose. »

2° Notre droit moderne ne l'admet pas davantage. Supposons en effet une vente avec rétention d'usufruit par le vendeur. Les créanciers de l'acheteur, tant que cette usufruit existe, n'ont de droits sur l'immeuble que *deducto usufructu*, c'est-à-dire en un mot sur la nue-propriété. Si le système que nous repoussons est le vrai les créanciers d'un acheteur ordinaire ne doivent avoir de droits sur l'immeuble que moins le privilége du vendeur, c'est-à-dire en définitive doivent toujours laisser passer avant eux ce privilége. Or, il n'en est pas ainsi. Nous voyons en effet certains créanciers de l'acheteur énumérés dans l'art. 2101 passer avant le privilége du vendeur et se faire payer sur la pleine propriété de l'immeuble (art. 2104-2105).

Mon opinion sur le système organisé par la loi du 23 mars 1855 est donc que cette loi a laissé le transport de la propriété immobilière soumis au Code civil et a seulement exigé la transcription pour que le transport de propriété fut opposable à certains tiers.

Quelles personnes pourront opposer à l'acheteur le défaut de transcription de son contrat ? L'art. 3 nous dit : « Les tiers qui ont des droits sur l'im-« meuble et qui les ont conservés en se conformant « aux lois. »

Peuvent donc opposer le défaut de transcription :

Un deuxième acheteur qui aurait fait transcrire son contrat.

Un créancier à hypothèque légale ou judiciaire du chef du vendeur.

Ne peuvent pas opposer le défaut de trans-cription :

Le vendeur lui-même. En effet, nous l'avons vu, il n'est pas compris dans les termes dont se sert l'art. 3 de la loi de 1855.

Les héritiers du vendeur. Il n'ont en effet aucun droit sur l'immeuble considéré déterminément et n'ont par conséquent rien eu à faire pour conserver des droits qu'ils n'ont pas.

Une question assez délicate se présente lorsqu'à la qualité d'héritier se joint celle de deuxième acquéreur.

Primus vend à Secundus l'immeuble A. Plus tard il revend à Tertius, son parent éloigné, le même immeuble. Secundus ne fait pas transcrire mais Tertius fait remplir cette formalité. Primus meurt, Tertius se trouve héritier et accepte la succession ; *quid?*

Il faut je crois distinguer. Si Tertius accepte purement et simplement la succession de Primus, il ne peut opposer à Secundus le défaut de transcription, en vertu de la maxime bien connue : *quem de evictione tenet actio, eumdem agentem repellit exceptio.*

Que si Tertius accepte la succession de Primus sous bénéfice d'inventaire ; nous dirons : Tertius conserve le droit d'opposer à Secundus le défaut de transcription de son contrat ; car l'effet du bénéfice d'inventaire est d'opérer séparation complète entre le patrimoine du *de cujus* et celui de l'héritier, et de réserver à ce dernier ses droits contre la succession. Tertius comme deuxième acquéreur ayant transcrit, opposera à Secundus le défaut de transcription ; quitte à Secundus à se retourner contre Tertius, héritier bénéficiaire qui l'indemnisera, s'il est possible, sur les deniers de la succession.

Ne peuvent non plus opposer le défaut de transcription : un légataire à titre particulier à qui le

vendeur aurait légué l'immeuble vendu ; les créanciers chirographaires du vendeur. Pour cette
deuxième classe de tiers, le rapport de M. de Belley-
me prouve en effet que c'est pour écarter leurs pré-
tentions si ces mots : « qui ont des droits sur l'im-
« meuble et les ont conservés en se conformant aux
« lois » ont été ajoutés au texte primitif de l'art. 3
de la loi de 1855.

Une question délicate se présente ici. S'il est vrai,
en thèse générale que les créanciers chirographaires
d'un vendeur ne sauraient opposer à l'acquéreur
d'un immeuble le défaut de transcription de son
titre, cette solution ne reçoit-elle aucune exception ?
Je précise :

Première hypothèse. — Primus vend son immeuble
A à Secundus. Les créanciers chirographaires de
Primus saisissent l'immeuble A. La saisie est transcrite. Secundus, je suppose, n'a pas transcrit son
contrat d'acquisition ou bien ne l'a transcrit que
depuis la transcription de la saisie. Les créanciers
chirographaires saisissants pourront-ils opposer à
Secundus le défaut de transcription de son titre ?

Deuxième hypothèse. — Primus vend son immeuble A à Secundus. Primus tombe en faillite. Intervient le jugement déclaratif de faillite. Secundus
n'a pas fait transcrire son titre ou ne l'a fait transcrire que depuis le jugement déclaratif de faillite.
Quid ?

Divers auteurs ont, dans ces deux espèces, reconnu aux créanciers chirographaires le droit d'in-

voquer le défaut de transcription de la vente consentie par Primus à Secundus.

Voici leur raisonnement.

Pourquoi en thèse générale les créanciers chirographaires du vendeur ne peuvent-ils pas opposer le défaut de transcription? Parce que seuls les créanciers « qui ont des droits sur l'immeuble et qui les ont conservés en se conformant aux lois » jouissent de cette faculté et que les simples créanciers chirographaires n'ont aucun droit déterminé sur tel immeuble donné. Or la saisie donne aux créanciers saisissants, même chirographaires, un droit réel *sui generis*; de même le jugement déclaratif de faillite. Donc, dans les deux hypothèses indiquées plus haut, les créanciers chirographaires peuvent se prévaloir à l'encontre de l'acquéreur de l'art. 3 de la loi de 1855.

Pour établir ce système ses partisans allèguent diverses raisons.

La saisie a toujours été, disent-ils, considérée comme un nantissement *sui generis*. Le vieux droit féodal l'appelait *pignoratio*. Dans notre ancien droit coutumier, Ferrière s'écrie : « La justice entre « dans la maison du débiteur, elle prend en gage « ses meubles, et après l'en avoir dessaisi pour en « faire un gage de justice.... » Nous lisons dans Argou : « Il y a parmi nous deux sortes de gages, le « gage conventionnel et le gage judiciaire..... Le « gage judiciaire a lieu quand les meubles d'un « débiteur sont saisis par autorité de justice. »

Avant Argout, Loyseau nous disait déjà : « En « France, les gages sont conventionnels ou de jus-« tice, c'est-à-dire biens pris par exécution. »

Dans le droit moderne il en est de même : « Le « gage judiciaire, nous apprend Merlin, s'acquiert « par la saisie des biens. » M. Troplong lui aussi « reconnaît que « la saisie contient un gage tacite. »

Nous voyons dans l'ouvrage de M. Boitard an-noté par M. Colmet Daage la phrase suivante de ce dernier auteur. « Le saisi ne cesse pas sans doute « d'être propriétaire, mais son administration, « sa jouissance, son droit de disposer, toutes les « parties de son droit de propriété reçoivent de « graves atteintes par suite de la saisie. » Et cette idée de M. Colmet Daage est empruntée aux rap-ports même de MM. Persil et Pascalis sur la loi du 21 juin 1841. « La saisie, disaient MM. Persil « et Pascalis, affecte la propriété. » Qu'en con-clure si ce n'est qu'aux yeux de MM. Persil, Pas-calis et de M. Colmet Daage la propriété est at-teinte, diminuée par la saisie; qu'en un mot, les saisissants acquièrent un droit réel.

De plus, disent les auteurs partisans du système que j'expose, en adoptant une opinion contraire à la nôtre on arrive à une absurdité dans telle hypo-thèse donnée. Primus vend à Secundus l'immeu-ble A. Secundus ne fait pas transcrire son titre. Postérieurement les créanciers chirographaires de Primus saisissent l'immeuble A et font transcrire leur saisie. Postérieurement à la transcription de la saisie Primus revend l'immeuble A à Tertius qui, lui, fait transcrire son titre. *Quid?* La première vente sera opposable aux créanciers saisissants et primera la saisie. La saisie transcrite primera à son tour la deuxième vente (art. 686, Cod. procd. civile). Mais la deuxième vente à son tour l'emportera sur la première en vertu des dispositions de la loi du 23 mars 1855. On arrivera donc à une impossibilité juridique.

Ce qui est admis en cas de saisie doit l'être *a fortiori* en cas de faillite. Le jugement déclaratif de faillite frappe en effet le failli d'une incapacité encore plus complète que celle dont la saisie transcrite frappe le débiteur saisi. Cette incapacité est comme l'incapacité résultant de la saisie établie dans l'intérêt exclusif des créanciers. Les créanciers doivent donc avoir, en cas de faillite, au moins autant de droits qu'en cas de saisie. La corrélation qui, sur ce point, existe entre la faillite et la saisie, a fait dire que : « en ce qui touche les biens saisis, le saisi était en état de faillite. »

Donc, selon ce premier système, les créanciers peuvent opposer le défaut de transcription à un acquéreur qui n'aurait point fait transcrire son titre ou ne l'aurait fait transcrire ; en cas de saisie, que depuis la transcription de la saisie, et en cas de faillite, que depuis le jugement déclaratif de faillite.

Ce système ne me semble pas admissible. J'incline à refuser absolument aux créanciers chirographaires du vendeur même saisi, même failli, le droit d'opposer à un acquéreur le défaut de transcription de son titre.

En effet, supposons un momnt qu'il n'y ait ni saisie, ni faillite ; les créanciers ne pourraient opposer à l'acquéreur le défaut de transcription. La vente non transcrite était primitivement valable à l'égard des créanciers chirographaires. A leur égard l'immeuble était sorti du patrimoine du vendeur et cela légitimement. En effet, par là même qu'ils n'ont exigé aucune garantie particulière de leur débiteur, les créanciers chirographaires sont censés avoir d'avance consenti à toutes les diminutions que pourrait souffrir son patrimoine. Comprendrait-on qu'un fait postérieur, la saisie ou la faillite fit rentrer dans le gage des créanciers un bien qui en était sorti ? La vente qui, à l'égard des créanciers chirographaires était valable *ab initio* ne doit-elle pas continuer à être valable ? Je maintiens donc absolument mon opinion : les créanciers chirographaires ne peuvent jamais en cette qualité opposer à un acquéreur le défaut de transcription d'un contrat de vente valablement formé.

Nous connaissons les personnes qui peuvent invoquer l'art. 3 de la loi de 1855. Occupons-nous d'une question subsidiaire, dont nous avons déjà donné incidemment la solution et qui peut se formuler ainsi : Dans le cas de deux ventes dont la première n'a pas été transcrite et dont la deuxième est transcrite le défaut de transcription de la première vente est-il couvert par la connaissance personnelle que le deuxième acheteur avait de cette vente ?

Notre ancien droit s'occupait de la question à propos de l'insinuation des substitutions, l'art. 33 de l'ordonnance de 1747, t. II, se prononçait pour la négative ; Pothier en donnait l'explication suivante : « Si, dit-il, la loi eut laissé la liberté d'en-
« trer dans la discussion du fait, si celui qui a con-
« tracté avec le grevé a eu connaissance ou non de la
« substitution, bien qu'elle n'ait pas été insinuée,
« cette discussion aurait pu donner lieu à des procès
« qu'il était de la sagesse de la loi de retrancher. »
L'ancienne jurisprudence en vint à appliquer aux donations elles-mêmes l'article 33 de l'ordonnance. Que fit notre Code civil ? Il reproduisit au chapitre des substitutions la disposition de l'art. 33 de l'ordonnance de 1747. Si pour les donations proprement dites, il ne contient, il est vrai, aucune règle analogue à celle de l'article 1071, n'est-il pas permis de penser qu'il ne s'est occupé de notre question en matière de substitutions que par souvenir de Pothier et imitation de l'ordonnance de 1747, et qu'il faut aujourd'hui suivre les traces de l'ancienne jurisprudence et décider pour les donations comme pour les substitutions. Il serait du reste illogique d'agir autrement. Je crois donc que la connaissance personnelle que le deuxième acheteur aurait de la première vente ne l'empêcherait aucunement d'opposer au premier acheteur le défaut de transcription de son titre.

Nous pensons cependant avec la Cour de cassation qu'il faudrait faire exception à cette règle dans le cas de collusion frauduleuse entre le vendeur et le deuxième acheteur, dans le cas, en un mot, où le vendeur et le deuxième acheteur se seraient concertés dans le but de neutraliser les effets de la première vente. La loi ne saurait protéger le dol.

Nous connaissons le sens de notre acception D.

Parcourons quelques cas spéciaux qui mettront ce sens en lumière.

1. Primus vend l'immeuble A à Secundus. Il le revend ensuite à Tertius. Ni Secundus ni Tertius n'ont transcrit. Qui l'emportera de Secundus ou de Tertius? Évidemment Secundus. En effet, il est certain que si nous étions restés sous l'empire du Code civil. Secundus serait devenu propriétaire *erga omnes*. Grâce à la loi du 23 mars 1855 Secundus n'est pas devenu propriétaire à l'égard des tiers qui ont un droit sur l'immeuble et l'ont conservé en ce conformant aux lois. Or, si Tertius a évidemment un droit sur l'immeuble A, il ne l'a certes pas conservé conformément aux lois. Donc Secundus triomphera contre Tertius.

II. Une observation analogue serait applicable à plusieurs ayant cause du même acquéreur, dans le cas où celui-ci n'aurait pas fait transcrire son titre. Ils ne sauraient réciproquement s'opposer le défaut de transcription du titre de leur auteur commun.

III. Primus vend à Secundus l'immeuble A. Secundus ne fait pas transcrire son titre et revend l'immeuble à Tertius. — Tertius fait transcrire son propre titre, mais non celui de son auteur. Primus vend ensuite le même immeuble A à Quartus, qui fait transcrire son titre. Supposons une collision entre Tertius, sous-acquéreur de Primus dont la vente et la transcription sont antérieures; et Quartus, acquéreur du vendeur originaire dont la vente et la transcription sont postérieures. Qui l'emportera de Tertius ou de Quartus?

Tertius, répond un parti considérable parmi les jurisconsultes, Tertius a en effet un droit sur l'immeuble A, et la transcription qu'il a faite de son titre est antérieure à la transcription opérée par Quartus.

Quartus, répondrai-je. Il est en effet certain qu'entre deux acquéreurs du même immeuble la préférence se règle par la priorité de la transcription. Mais ce principe ne peut s'appliquer qu'entre deux acquéreurs d'une même personne. Elle ne saurait s'appliquer dans notre cas. Je le prouve.

1° Tertius est l'ayant cause de Secundus. Supposons Secundus et Quartus en présence. Quartus l'emportera évidemment sur Secundus. Secundus n'a pas fait transcrire son titre. Comment supposer que Tertius puisse jouir de plus de droits que Secundus, son auteur.

2° Je puis invoquer, à l'appui de mon opinion, le but, l'esprit même de la loi du 23 mars 1855. La loi de 1855 est une loi de crédit; son but est de prévenir les tiers intéressés de la mutation de la

propriété immobilière. Or, si l'on adoptait l'opinion que je combats, le but de la loi serait complétement manqué. Qu'arriverait-il, en effet? Quartus doit acheter de Primus le fonds A. Il veut s'assurer tout d'abord si le fonds A appartient encore
à Primus, se transporte au bureau des hypothèques, consulte le registre des transcriptions : aucune vente émanant de Primus n'est transcrite.
Donc Primus est demeuré propriétaire.

Que si, par hasard, la vente consentie par Secundus à Tertius lui tombe sous les yeux, il consi-
dérera fatalement cette vente comme émanée *a non
domino*.

3º Entre deux personnes, dont l'une, Quartus,
n'a rien à se reprocher, et dont l'autre, Tertius, a
été négligente, les principes du droit doivent faire
décider en faveur de la première : *jura vigilantibus
non dormientibus subveniunt*.

IV. Primus a vendu à Secundus l'immeuble A,
puis à Tertius le même immeuble. Seul, Tertius
fait transcrire son titre. Mais Secundus demeure en
possession de l'immeuble pendant 10 ou 20 ans;
pourra-t-il prescrire la propriété de l'immeuble A?

La question est controversée. Je crois néanmoins,
avec M. Humbert (*Revue de droit français et étranger*, t. 1, p. 485), pouvoir répondre affirmativement. En effet, si Secundus avait acquis *a non domino*, il est bien évident qu'il pourrait prescrire la
propriété de l'immeuble A. A première vue, il est
donc étrange que Secundus acquéreur *a domino*

n'ait pas les mêmes droits qu'un acquéreur *a non domino*.

Bien plus, d'après M. Humbert, voici le dilemme que Secundus pourrait opposer à Tertius : De deux choses l'une : à votre égard j'ai acquis *a domino* ou *a non domino*. Vous revendiquez, vous vous présentez comme propriétaire ; vous affirmez donc avoir acquis *a domino*. Donc je puis, à votre égard, me placer dans la position d'un acquéreur *a non domino*, et invoquer l'article 2265.

Si, au contraire, vous voulez bien admettre ce que la loi du du 23 mars 1855, dans son article 3, ne me permet pas de vous objecter, à savoir que j'ai acquis *a domino*, comment alors pouvez-vous revendiquer contre moi ; vous ne pouvez avoir deux poids et deux mesures.

« C'est qu'en effet, s'écrie M. Humbert (*loc. cit.*) « la première supposition est seule fondée ; car, à « l'égard des tiers la vente transcrite est réputée la « première en date ; toute autre est donc traitée « comme si elle eut été faite *a non domino* ; donc « Secundus pourra invoquer la prescription de dix « ans, comme un acquéreur *a non domino*. En vain « dirait-on que c'est enlever son efficacité à la loi « nouvelle (du 23 mars 1855) : sans doute elle n'a « pas entendu dispenser un acheteur de toute pru- « dence : mais elle a considérablement diminué les « chances de fraude et c'est beaucoup. D'ailleurs « arrivera-t-il souvent dans la pratique qu'une per-

« sonne achétera un immeuble possédé publique-
« ment, paisiblement, à titre de maître et depuis
« plusieurs années par un tiers ou bien qu'elle fera
« transcrire son acte d'achat et ne s'inquiétera nul-
« lement ensuite de la possession de l'immeuble.
« Ce sont là des craintes chimériques. »

CHAPITRE IV.

RÉSUMÉ CRITIQUE.

Les principes de notre droit moderne sur la transmission de la propriété entre vifs nous sont désormais connus. Résumons-les rapidement.

Notre droit moderne distingue les meubles et les immeubles.

La convention de donner un meuble, pourvu que ce meuble soit un corps certain, transfère *ipso facto* la propriété de ce meuble de l'aliénateur à l'acquéreur, et cela *erga omnes*. Il n'y a d'exception que pour la donation d'objets mobiliers.

Pour les aliénations d'immeubles, notre droit actuel reproduit la distinction faite par la loi du 11 brumaire, an VII, entre les parties et les tiers. *Inter partes*, pourvu qu'il ne s'agisse pas d'une donation, et que l'immeuble soit un corps certain et déterminé, la simple convention transfère la propriété. A l'égard des tiers ou plutôt de certains tiers il n'en est pas de même : la transcription est exigée, pour les aliénations d'immeubles à titre gratuit par les articles 939-942 du Code civil ; et pour les aliénations d'immeubles à titre onéreux par la loi du 23 mars 1855.

En résumé la convention de donner un meuble,

corps certain, transmet une propriété absolue.

La convention de donner un immeuble, corps certain, ne transmet qu'une propriété relative.

De nombreuses critiques se sont élevées contre cette propriété relative admise par notre droit moderne en matière d'immeubles. Quelques jurisconsultes ont vu là « une de ces superfétations, une de ces subtilités puériles, *idola fori*, qu'il faut bannir d'une législation sérieuse. »

« Dépouiller la propriété de son caractère absolu,
« a écrit M. Bonnier (*Revue de législation*. t. VI,
« p. 40) c'est lui enlever son essence même ; on est
« propriétaire ou on ne l'est pas. Il est impossible
« de concevoir un véritable droit réel, un *jus in*
« *re*, qui n'existe que vis-à-vis d'un seul individu....
« Singulier droit réel que celui qui ne vous permet
« de triompher que vis-à-vis de la personne qui
« s'est spécialement obligée envers vous. Mais est-
« ce que par hasard l'action personnelle ne suf-
« fisait plus au créancier pour obtenir la condam-
« nation de son débiteur ; vis-à-vis de celui de
« qui je réclame un corps certain, ai-je besoin de
« m'en dire propriétaire pour me le faire livrer
« *manu militari*. »

« Appelez comme il vous plaira, s'écrie M. Hu-
« reaux (*Revue de droit français et étranger*, t. III,
« p. 785) le droit qui naît du simple pacte ; que ce
« soit un droit de propriété, que ce soit un droit
« de créance, je ne tiens pas aux mots, je ne tiens
« qu'aux choses. Or une propriété restreinte entre

« les parties n'est, à mes yeux, qu'un droit de
« créance, et je crois être dans le vrai quand je
« m'exprime ainsi. »

Les critiques formulées par MM. Bonnier et
Hureaux peuvent se résumer en deux griefs principaux.

1º Notre droit consacre une impossibilité, car un
droit absolu ne saurait être relatif.

2º Une inutilité ; car une propriété restreinte entre
les parties n'est au fond qu'un droit de créance.

Je répondrai séparément à ces deux griefs :

1º Est-il vrai de dire avec M. Bonnier qu'une
propriété relative ne saurait se concevoir?

Je crois une telle affirmation un peu téméraire.
M. Huc, qui certes ne traite pas avec beaucoup
de ménagements l'œuvre des législateurs français,
en convient lui-même. En effet, nous rencontrons
dans la législation romaine plusieurs exemples de
propriété relative.

N'est-il pas, en effet, généralement enseigné que
la propriété bonitaire ne fut au début qu'une propriété relative et que l'exception *rei venditæ aut
donatæ et traditæ* ne servit d'abord qu'à para-
lyser le *jus quiritium* allégué par le vendeur d'une
res mancipi.

D'un autre côté, à partir d'Adrien, celui qui avait
usucapé *pro herede* les choses singulières dépendant
d'une succession non acceptée, ne cessa-t-il pas
d'être considéré comme propriétaire à l'égard seulement du véritable héritier ?

2º Peut-on affirmer avec M. Hureaux qu'un droit de propriété restreint entre les parties, n'est qu'un véritable droit de créance?

Il est bien certain qu'aujourd'hui le créancier d'un corps certain pourrait aussi bien qu'un propriétaire se le faire livrer *manu militari*. S'il n'en était pas ainsi à Rome, notre vieux droit français, du moins, avait, sous ce rapport abandonné les principes romains. Dumoulin enseignait en effet que le simple créancier d'un corps certain pouvait obtenir la mise en possession forcée de la chose détenue par le débiteur ou même par l'un de ses héritiers. « Quia quamvis actio mere sit personalis « tamen executio judicati in rem scripta est et di- « visio non debet impedire vim futuri judicii nec « executionem in rem et in ejus possessorem salvo « contra heredes recursu. » (*Molin. tract. de ind.* p. 2, nº 84.)

Mais peut-on induire de cette constatation qu'entre la propriété restreinte *inter partes* et un droit de créance, il n'y ait aucune différence? Je ne le pense pas. Je vais donc développer les conséquences de cette propriété relative créée en matière immobilière par les art. 1138 et 711 du Code.

1. Primus vend à Secundus l'immeuble A. Cet immeuble est possédé par un *prædo*, possesseur sans titre.

La convention n'engendre-t-elle qu'un droit de créance. Secundus ne pourra revendiquer l'immeuble contre le *prædo*, puisque la revendication est réservée au propriétaire. Il devra donc, s'il veut agir contre le *prædo*, se faire consentir par Primus une subrogation d'action.

La convention crée-t-elle au contraire un *jus in re*, le droit de propriété, Secundus agira sans subrogation d'action contre le *prædo*.

II. Primus vend à Secundus l'immeuble A. Il ne fait pas tradition et meurt. La succession, je le suppose, est embarrassée.

Secundus se présente-t-il comme simple créancier de l'immeuble A. Il viendra sur cet immeuble et les autres biens de la succession concurremment avec les autres créanciers du défunt, au marc le franc.

Secundus, au contraire, se présente-t-il comme propriétaire de l'immeuble A. La solution sera bien différente. Les autres créanciers du défunt n'ont aucun droit sur l'immeuble qui n'appartenait plus à leur débiteur.

III. Primus vend à Secundus l'immeuble A. Il ne le livre pas. Intervient ensuite le mutuel dissentiment. *Quid ?*

La convention ne crée-t-elle qu'un droit personnel ; nous dirons : le mutuel dissentiment produit son effet et éteint la dette respective du vendeur et de l'acheteur. L'immeuble n'a jamais été dans le patrimoine de l'acheteur. Il en résulte que si nous supposons l'acheteur marié, l'hypothèque légale de sa femme n'a jamais frappé et ne frappe pas l'immeuble.

La convention au contraire crée-t-elle un droit

réel de propriété ; par la convention l'immeuble est
entré dans le patrimoine de Secundus et l'hypothèque légale de la femme de Secundus le frappe immédiatement. Vienne le mutuel dissentiment ; ce mutuel dissentiment n'opère plus une simple remise
de créances ; il transfère à nouveau la propriété. Il
en résulte que l'immeuble rentre dans le patrimoine
de Primus, mais grevé de l'hypothèque légale de la
femme de Secundus.

IV. Primus s'engage envers Secundus à lui livrer
l'immeuble A (je prends le mot livrer dans le sens
de *dare*). Il ne lui fait pas délivrance de l'immeuble.

Si de la convention naît seulement un droit de
créance, Secundus agira contre Primus par la voie
d'action personnelle.

Naît-il au contraire de la convention le droit de
propriété, Secundus aura à son service deux actions,
l'une personnelle, l'autre réelle.

Mais, peut-on se demander, quel intérêt y a-t-il
pour Secundus à pouvoir agir par l'action réelle
puisque chez nous l'action personnelle permet d'obtenir l'objet direct de l'obligation.

Recherchons cet intérêt.

Ajoutons un élément de plus à notre hypothèse ;
Primus est resté en possession de l'immeuble A
pendant trente ans. Peut-il prescrire la propriété
de cet immeuble ? Cette question n'est que le corollaire de la suivante : Doit-on considérer le débiteur
d'un corps certain non livré comme détenteur précaire pour le compte du créancier ou bien comme

posseseur obligé de restituer ? Est-il détenteur précaire, l'art. 2236 nous dit : « Ceux, qui possèdent
« pour autrui, ne prescrivent jamais par quelque
« temps que ce soit. » Est-il simple possesseur, obligé
de restituer, il est certainement un *prædo*, possesseur de mauvaise foi, mais peut prescrire par trente
ans. Je crois cette dernière considération plus probable : on ne doit jamais en effet présumer le constitut, et c'est ce qu'il faudrait faire pour refuser au
débiteur Primus le droit de prescrire par trente ans
la propriété de l'immeuble A.

Quelle sera donc la position au bout de trente
ans ? Primus ne pourra plus être poursuivi par la
voie de l'action personnelle. Mais, dira-t-on, il ne
pourra pas davantage être poursuivi par la voie de
l'action réelle, puisqu'il aura prescrit la propriété de
l'immeuble. Il n'y aura donc pour Secundus aucun
intérêt à avoir à son service l'action réelle. Il est
bien certain que souvent l'action réelle sera éteinte
en même temps que l'action personnelle, mais souvent aussi elle lui survivra. Supposons en effet que
la possession de l'immeuble ne puisse fonder une
prescription acquisitive, qu'elle ait été interrompue
(art. 2243). Primus, qui ne peut plus être actionné
par l'action personnelle née de la convention, pourra
l'être encore comme tiers détenteur par la voie de
l'action réelle.

V. La propriété relative créée par les art. 711 et
1138 a en outre modifié singulièrement les anciennes

théories de la novation et de la dation en paiement.

Primus promet à Secundus un cheval. Puis il lui
promet au lieu d'un cheval indéterminé son cheval
blanc.

La convention ne crée-t-elle qu'un droit de créance. Nous dirons : à la place d'un cheval indéterminé, Secundus devient créancier d'un cheval déterminé, le cheval blanc de Primus ; à la première créance
succède une deuxième créance ; il y a novation.

La convention de donner un corps certain engendre-t-elle la propriété? Nous dirons : Secundus,
créancier d'un corps incertain est devenu propriétaire d'un corps certain, le cheval blanc de Primus.
Nous sommes en présence d'une *datio in solutum*.

Primus promet à Secundus son cheval blanc, puis
au lieu et place de son cheval blanc lui promet son
cheval noir.

Si le principe de l'art. 1138 n'existait pas, nous
dirions : Primus de débiteur de son cheval blanc
est devenu débiteur de son cheval noir. Il y a novation.

Avec le principe de l'art. 1138 l'opération change
de caractère. La première convention a transféré à
Secundus la propriété du cheval blanc de Primus.
La deuxième convention retransfère à Primus la
propriété de son cheval blanc et transmet à Secundus la propriété du cheval noir de Primus. Nous
nous trouvons donc en face d'un échange.

On objecte encore au système adopté par notre

droit moderne sur la transmission entre-vifs de la
propriété immobilière qu'il est contraire au droit
naturel de soumettre la translation de la propriété
immobilière à l'égard des tiers, à une formalité
telle que la transcription. Le droit naturel, dit-on
proclamé par Grotius et d'autres publicistes pose
en principe que la propriété peut être transmise
indépendamment de tout acte extérieur. La volonté
qui est selon M. Troplong *l'élément démocratique
du droit*, doit pouvoir par elle-même transférer la
propriété.

Je n'examinerai pas la question de savoir si la formalité de la transcription est ou non en désaccord
avec le droit naturel; ce droit a été, en effet, entendu de tant de diverses manières depuis les jurisconsultes romains jusqu'à nos jours qu'il est, je
crois, impossible de savoir au juste ce que c'est; si
néanmoins on admet que le droit naturel est l'idéal
du droit positif, nul doute que le système de notre
droit moderne ne soit conforme au droit naturel.

Le droit de propriété, pour être opposable aux
tiers, doit être connu d'eux; c'est là, je crois, une
idée parfaitement rationnelle; de même que la loi,
pour être obéie, a besoin d'être promulguée, le droit
réel qui impose un devoir à tous a besoin d'être publié. La transcription a précisément ce but et cet
effet.

Mais, ajoute-t-on, la loi du 23 mars 1855 ouvre la
porte à bien des abus. Elle donne une prime à la
mauvaise foi. Primus vend à Secundus son immeu-

ble ; il le revend à Tertius. Si Secundus n'a pas fait transcrire et que Tertius ait rempli cette formalité, Tertius l'emportera sur Secundus. N'est-ce pas en quelque sorte encourager Primus à vendre deux fois la même chose que de donner la préférence à la deuxième vente.

Je réponds par l'espèce suivante : plaçons-nous avant la loi de 1855. Primus vend à Secundus l'immeuble A par acte sous seing-privé. Il revend ensuite l'immeuble à Tertius aussi par acte sous seing-privé. Tertius fait enregistrer son acte avant Secundus. Il l'emportera. Le même résultat que l'on vient de nous objecter sous l'empire de la loi de 1855 se produira donc ici. Bien plus, au point de vue de la sécurité des acheteurs, le système de la loi de 1855 est beaucoup plus avantageux que le système du Code. En effet, Tertius, avant d'acheter de Primus n'a sous l'empire de la loi de 1855 qu'à examiner le registre des transcriptions. N'y trouve-t-il aucune aliénation émanant de Primus, il achète, fait transcrire son contrat et est sûr de rester propriétaire. Quant à Secundus, certainement il est lésé, mais il a été négligent ; il n'avait qu'à faire transcrire son contrat immédiatement.

Avant 1855, au contraire, nous avons vu que le premier acheteur pouvait aussi être lésé s'il était négligent ; de plus, pour un deuxième acheteur, il n'y avait aucune sécurité. Il ne pouvait, en effet, connaître un premier acquéreur qui peut-être lui serait préférable. Il était exposé à commettre une erreur invincible. « Celui qui achète, s'écriait « M. Dupin, n'est pas sûr de rester propriétaire, ce-« lui qui paie de ne pas être obligé de payer une se-conde fois, et celui qui prête d'être remboursé. » C'est pour faire cesser cet état de choses que fut ré-tablie la transcription, mesure. nous le croyons, utile et critiquée bien à tort.

POSITIONS

DROIT ROMAIN.

I (Page 9). — La *justa causa traditionis* consiste dans l'intention réciproque du *tradens* et de *l'accipiens* d'aliéner et d'acquérir.

II (page 13). — Les lois 36, D. liv. XLI, t. 1, et 18 pr. D. liv. XII, t. 1, sont inconciliables.

III (page 17). — L'*apprehensio* ne consiste pas dans l'attouchement immédiat de la chose, mais dans la possibilité matérielle pour *l'accipiens* de faire de la chose ce que bon lui semble et d'en écarter toute action étrangère.

IV (page 21). — La loi 1, C. liv. VIII, t. 54, suppose la présence des esclaves.

V (page 36). — Les pouvoirs d'un mandataire général ne dépendent pas des expressions « *cum libera* » ou autres employées dans le mandat.

VI (page 42). — Tout pupille *infantia major* peut recevoir une tradition pour lui-même.

VII (page 46). — La loi 3, C. liv. VII, t. 32, suppose l'*auctoritas tutoris*.

VIII (page 55). — La loi 13, D. liv. XXXIX, t. 5, exprime la vraie doctrine romaine. Elle peut se concilier parfaitement avec les lois 37, § 6, D. liv. XLI. t. 1, et 43, § 1, D. liv. XLVII, t. 2.

IX (page 85). — Dans § 45. liv. II, t. 1, des Inst. Justinien entend se référer à l'occupation et non à la tradition.

DROIT FRANÇAIS.

I (page 123). — Dans l'art. 1138 du Code civil, les mots *est parfaite* se réfèrent à l'exécution, non à la formation de l'obligation.

II (page 144). — Sous l'empire du Code la transcription ne doit pas être considérée comme maintenue.

III (page 148). — La tradition réelle n'est aucunement exigée pour la transmission de la propriété des meubles. L'art. 1141, se rattache à l'art. 2279.

IV (page 162). — La bonne foi exigée par l'article 1141 chez le 2e acquéreur d'un meuble doit exister au moment de la mise en possession.

V (page 171). — La transcription des donations est la transcription de la loi du 11 brumaire an VII et non l'ancienne insinuation.

VI (page 177). — Le défaut de transcription des donations ne saurait être invoquée par les héritiers du donateur.

VII (page 180). — Un 2e donataire qui a fait transcrire son titre peut opposer à un 1er donataire qui n'a pas transcrit, le défaut de transcription.

VIII (page 182). — Un légataire à titre particulier du donateur ne saurait opposer au donataire le défaut de transcription.

IX (page 182). — Les créanciers chirographaires du donateur ne peuvent opposer au donataire le défaut de transcription.

X (page 187). — La loi du 23 mars 1855 n'exige pas la transcription pour que la propriété soit transférée *inter partes*.

XI (page 194). — L'héritier du vendeur, 2ᵉ acquéreur de l'immeuble vendu peut, s'il a fait transcrire son titre et a accepté la succession du vendeur sous bénéfice d'inventaire, opposer à un 1ᵉʳ acquéreur le défaut de transcription.

XII (page 201). — Un sous acquéreur doit faire transcrire non-seulement son propre titre, mais celui de son auteur, s'il n'a pas été transcrit

XIII (page 203). — Un titre quoique non transcrit peut servir de base à la prescription de 10 à 20 ans.

XIV (page 211). — L'acquéreur d'un immeuble a intérêt à pouvoir agir contre son vendeur par la voie de l'action réelle, car l'action réelle peut quelquefois survivre à l'action personnelle née du contrat de vente.

HISTOIRE DU DROIT.

I. — La censive n'est qu'une dérivation, une dégénérescence du précaire romain.

II. — Le principe coutumier « *institution d'héritier n'a lieu* » a une origine germanique et non une origine celtique.

DROIT CRIMINEL.

I. — On ne peut après 10 ans, pas plus devant un tribunal civil que devant nn tribunal criminel intenter une action même purement pécuniaire, à raison des dommages-intérêts qui ont pu être causés par un crime.

II. — L'homicide commis dans un duel ne doit pas être assimilé à un crime de meurtre.

DROIT DES GENS.

I. — Les jugements rendus à l'étranger n'ont pas en France force de chose jugée.

II. — Un étranger, créancier d'un Français, cède sa créance à un Français; le débiteur cédé, actionné par le cessionnaire ne peut exiger de lui la caution *judicatum solvi*. — Un Français créancier d'un

Français cède sa créance à un étranger ; le cédé peut opposer au cessionnaire l'exception *judicatum solvi*.

Vu par le Président de la thèse,
BUFNOIR.

Vu par le Doyen,
G. COLMET - DAAGE.

VU ET PERMIS D'IMPRIMER,
Le vice-recteur de l'Académie de Paris,
MOURIER.

Paris. — Imprimerie F. PICHON, 51, rue des Feuillantines.

eut
vi.

se,

is,